兰州文理学院学术著作资助出版
甘肃省高校服务地方经济社会发展专项计划"健康中国视域下迁
高校大学体育教学中的实践研究"（项目编号：2020FWDF08）

青少年体育与健康教育

刘学志◎著

经济管理出版社

ECONOMY & MANAGEMENT PUBLISHING HOUSE

图书在版编目（CIP）数据

青少年体育与健康教育 / 刘学志著. -- 北京：经
济管理出版社，2024.10. -- ISBN 978-7-5096-9934-8

Ⅰ. G812.45；G479

中国国家版本馆 CIP 数据核字第 2024CH1953 号

组稿编辑：王　洋
责任编辑：王　洋
责任印制：许　艳
责任校对：陈　颖

出版发行：经济管理出版社
　　　　　（北京市海淀区北蜂窝 8 号中雅大厦 A 座 11 层　100038）
网　　址：www.E-mp.com.cn
电　　话：(010) 51915602
印　　刷：北京晨旭印刷厂
经　　销：新华书店
开　　本：720mm×1000mm/16
印　　张：15.5
字　　数：267 千字
版　　次：2024 年 10 月第 1 版　　2024 年 10 月第 1 次印刷
书　　号：ISBN 978-7-5096-9934-8
定　　价：68.00 元

前　言

随着社会的进步和科技的迅猛发展，市场上的科技产品越来越多，而且更新换代速度惊人，人们使用电子产品的时间大幅增加，这已经影响了人们的身体健康，加之现在人们普遍生活无规律，经常吃快餐，生活方式既不科学，也不健康。人们进入了一种想要提升生命质量，但又不想践行健康生活理念和方式的矛盾状态。这种状态在青少年群体中也表现得非常明显，对青少年的健康造成了严重的威胁。青少年担负着民族振兴的重任，他们的健康是社会发展的重要前提。增强青少年体质、提高青少年的生命质量刻不容缓。缺乏体育锻炼是青少年体质较弱、健康状态不乐观的主要原因之一。要改善青少年健康状况，提高这一群体的健康水平，就需要全国从上而下，从政府政策支持开始，以学校为实施单位，在健康中国视域下通过健康教育和体育教育协同促进青少年健康成长。基于上述分析，笔者在查阅大量相关著作文献的基础上，精心撰写了本书。

本书共六章。第一章是青少年健康状况与发展，主要分析青少年身心发展特点和健康现状，介绍青少年身心健康测试理论与方法，并针对青少年健康现状提出解决对策。第二章是学校健康教育，在分析学校健康教育概论、学校健康教育课程教学的基础上，重点对学校健康教育的主要内容进行了研究，包括青少年心理健康教育、青少年健康行为指导、青春期健康教育以及青少年安全教育。第三章是健康中国视域下学校体育教育改革，首先科学解读健康中国背景；其次分析体育教育的健康价值，并介绍学校体育教育的基础理论；最后论述健康中国视域下学校体育教育内容资源的开发、体育教育方法的改革以及学校体育教育模式的创新。第四章是青少年体育锻炼的理论指导和科学保障，涉及青少年体育锻炼的原则与方法、运动处方、误区与正确认识、营养保障以及医务监督。第五章是青少年健康体适能锻炼方法指导，包括肌肉适能、心肺适能、柔韧适能以及平衡适能等各方面健康体适能的锻炼。第六章是青少年体育项目锻炼与健康促进，具体对田径、篮球、足球、武术、跆拳道这些常见体育运动项目的健康价值与锻炼方法进行研究。

整体而言，本书具有以下三个特点：

第一，系统性。本书主要研究青少年体育与健康教育。首先分析青少年健康状况与发展对策，其次对学校健康教育、学校体育教育以及青少年体育锻炼指导展开研究，最后从实践层面提出青少年健康体适能锻炼方法和体育项目锻炼方法。总体来看，结构完整，内容丰富，层次清晰，具有较强的系统性。

第二，理论与实践有机结合。本书对青少年体育与健康教育的研究从理论与实践两个方面展开，理论方面重点分析了学校健康教育、学校体育教育改革以及青少年体育锻炼理论与保障等内容；实践方面着重研究了青少年健康体适能锻炼方法和青少年体育项目锻炼方法。理论与实践有机结合，能够为学校开展体育与健康教育以及青少年科学参与体育锻炼提供理论借鉴和实践指导。

第三，创新性。学校体育教育是促进青少年体质健康的重要途径。近年来，关于学校体育教育改革的呼声很高，体育教育改革也在不断深化和拓展，但要确保经过改革之后的体育教育对学生健康发展更有利，就必须在健康中国视域下进行有针对性的改革，使体育教育的内容、方法、模式都能够为促进学生健康服务。本书基于这一认识，探讨了健康中国视域下学校体育教育的改革，在研究思路上具有创新性。另外，体育锻炼能够促进青少年健康，但并不是只有参加具体的体育项目如篮球、跆拳道等才算是体育锻炼，才能增进健康。事实上，一些体能和体适能锻炼也是体育锻炼的主要内容，而且在参加具体项目之前要先通过体适能锻炼来积累一定的运动基础，达到一定的身体条件，这样才能更好地为参与专门的体育项目做好身心准备。因此，本书首先对体适能锻炼方法进行研究，其次具体说明不同体育项目的锻炼方法，为青少年循序渐进地进行锻炼提供科学指导，这也是本书的创新之一。

总之，本书重点研究青少年体育与健康教育，基于健康中国背景，结合青少年健康现状提出学校健康教育的丰富内容、学校体育教育的改革策略，并为青少年参与体育锻炼提供科学实用的理论和实践指导。希望本书能够为增强青少年体质，提升青少年的健康水平，促进学校体育与健康教育的发展做出贡献。

　　本书在撰写过程中参考并借鉴了很多专家、学者的研究成果，在此表示诚挚的感谢。由于笔者水平有限，书中难免有不妥与疏漏之处，敬请广大读者批评指正。

目　录

第一章

青少年健康状况与发展

　　提升青少年的健康水平是学校教育的重要内容，青少年的健康包含了许多方面，是一个系统的、综合的问题。本章将从青少年身心发展特点、青少年健康现状分析、青少年身心健康测试以及青少年健康发展的对策四个方面分别进行研究。

第一节　青少年身心发展特点

　　青少年阶段是人生中最特别、最彰显生命活力的阶段，这一时期的发展情况决定了他们今后一生的身体以及心理的健康水平、人生发展的质量以及高度，因此，弄清楚青少年的身心发展特点将有助于对青少年进行科学的教导。

一、青少年时期的身心发展特点

（一）生长发育阶段的划分

1. 年龄阶段的划分

　　基于人类生长发育的规律以及身心特点，可以按年龄划分成不同的阶段，如表 1-1 所示。

表 1-1　人类年龄阶段划分[①]

时期	年龄
婴儿期	1~2 岁
幼儿期	3~6 岁
童年期	7~12 岁
少年期	13~17 岁
青年期	18~25 岁

---

　　① 康喜来，万炳军. 青少年运动训练原理与方法［M］. 西安：陕西师范大学出版总社有限公司，2012.

2. 少年期

少年期是人一生中生长发育最快的阶段,即 13~17 岁时期,基本上就是人的青春期阶段。青春期一般被认为是第二性征发育时期,性意识也逐渐开始发展。

3. 青年期

这一时期人体的性腺逐渐成熟,机能逐渐完善。进入青年期后,男性和女性的差异格外明显。

(二)青少年身体素质发展规律

1. 身体素质的自然增长

人的身体素质是一个动态发展的过程,从出生到成年,每个阶段有每个阶段的发展特色。其中在青少年时期达到发育顶峰,不仅增长速度快,而且基本上决定了一个人一生的身体素质水平最突出的特征,具体如表 1-2 所示。当性发育成熟后,身体的发育也趋于平缓,到中年之后开始逐渐衰退。

表 1-2 青少年各项身体素质递增均值比较[①]

指标	逐年增长平均值
60 米跑（速度素质）	0.13~0.22 秒
400 米跑（速度耐力素质）	0.68~1.63 秒
1 分钟快速仰卧起坐（腰腹肌力,速度耐力）	0.23~0.6 次/分
立定跳远（下肢爆发力）	2.27~5.88 厘米
屈臂悬垂（抗体重静力性力量）	0.66~2.2 秒

2. 身体素质发展的阶段性

青少年身体素质发展阶段的划分如表 1-3 所示。

---

① 康喜来,万炳军. 青少年运动训练原理与方法［M］. 西安:陕西师范大学出版总社有限公司,2012.

表1-3　青少年身体素质发展的阶段划分

身体素质	男生岁数	女生岁数
快速增长阶段	7~15 岁	7~12 岁
停滞下降阶段	16~20 岁	13~16 岁
缓慢增长阶段	—	17~20 岁
稳定阶段	21 岁	21 岁

（三）青少年身体素质发展特点

1. 绝对力量的发展特点

男生和女生绝对力量的发展特点（见表1-4、表1-5）。

表1-4　男生的绝对力量发展特点[①]

年龄	增长速度
10 岁之前	较慢
11~17 岁	增长速度最快
18~25 岁	增长速度缓慢
25 岁左右	达到最大力量

表1-5　女生的绝对力量发展特点[②]

年龄	增长速度
10~12 岁	很快
13~14 岁	增长速度下降
15 岁	较快
16~21 岁	增长速度很慢，接近20岁时达到最大力量

2. 相对力量的发展特点

无论是男生还是女生，在青少年时期相对力量的增长速度都比较

---

①② 康喜来，万炳军 . 青少年运动训练原理与方法［M］. 西安：陕西师范大学出版总社有限公司，2012.

慢。这是因为青少年在身高发育明显的时期，他们的肌肉发育较为缓慢，因此，肌肉力量有限。当身高增长基本结束，肌肉的厚度才开始增加，此时可以重点发展力量素质。

3. 速度力量的发展特点

7~13 岁，男生、女生的速度力量的增长都非常快；13 岁之后，男生依旧保持着非常快速的增长，女生的速度力量的增速开始放缓；16~17 岁，青少年的速度力量的增长速度都开始放缓。

4. 力量耐力的发展特点

男生和女生力量耐力的发展阶段有所不同，女生力量耐力发展的黄金时期是在 15 岁之前，这个阶段女生的力量耐力是持续上升的；而男生发展力量耐力的黄金时期是在 7~17 岁，这个阶段力量耐力的发展呈现快速的直线上升趋势。

5. 反应速度的发展特点

男生和女生的反应速度的发展具有相对一致的特点，6~12 岁是反应速度发展最快的时期，12 岁时反应速度达到人生的第一次高峰；性发育阶段，人们反应速度的发展速度稍微有所减慢；20 岁时，人们的反应速度会出现第二次高峰。

6. 协调能力的发展特点

发展一般协调能力的黄金时期为 6~9 岁，发展专门协调能力的黄金时期为 9~14 岁。根据协调能力的发展状况进行运动素质培养，11~12 岁开始进行素质训练，这个阶段发展力量、速度、耐力都可以取得非常有效的效果。同时，协调能力的发展又会受到运动素质的影响，运动素质的提高对于协调能力的提高也有非常重要的作用。

一般来说，大部分人的协调能力在 13~14 岁达到顶点，也有些人的协调能力在 15 岁时达到顶点。运动素质发展比较快速的时期是在 18 岁左右，如果对运动素质和协调能力进行专门的练习，大概在 20 岁时，运动素质和协调能力能够发展到一种非常平衡的状态，这也是能够使运动员进一步提高运动能力、获得更好的运动成绩的重要前提。

二、青少年时期的心理发展特点

青少年时期是人生中最为特殊的时期，人生中最美好的时光往往都集中在这个时期。青少年时期是从儿童向成人过渡的重要阶段，如果能在这一时期得到良好的教育和引导，他们今后的人生将会受益无穷。对青少年的教育应根据他们的心理发展特点进行，只有充分了解青少年的心理发展阶段，以及掌握他们的个性特点，进行因材施教，才可能获得较为理想的教学效果。以下是青少年心理发展的四个突出特点：

（一）智力发展显著

青少年时期，不仅身体快速发育，而且在智力发展方面也同样有着惊人的速度。科学家已经得到准确的研究结论，脑科学、神经科学、生理学等多个学科的研究表明，人类的智力水平在青少年时期迎来了全面的发展，主要表现在以下方面：

1. 抽象思维能力

抽象思维是人类特有的一种高级能力，人们不仅能够对看到、听到的信息做出判断和反应，而且还能将这些琐碎的信息进行加工和整理，进而得出更为复杂的、综合的信息。婴幼儿还不具备抽象思维能力，他们更多的是观察和模仿，对于他们来说，那些无法观察到的事物都是陌生和神秘的。而青少年则逐渐掌握了抽象能力，他们能够对无形的，或者还未发生的事物有一定的预判，这是思维向纵深发展的结果。

2. 概括能力

婴幼儿时期的人类，对客观世界的认识是点对点形式的，一个事物有一个名字，对应着一个功能，这是他们最初对世界的认识。他们的思维世界是单纯的、直接的，也是散乱无序的。到了青少年时期，他们的大脑发育速度比任何时期都要快。他们的思维开始能够处理更为复杂的情况，对杂乱无章的信息能够做简单的归类和概括，能够举一反三，开始能够处理较为复杂的情况。

3. 成熟的记忆力

婴幼儿时期的记忆力是不健全的，而且常常是短时记忆，更多的是一个片段、一个画面，是无意识的。到了青少年时期，人的记忆能力进入黄金时期，他们对事物有了逻辑层面的理解，因此这时候的记忆能力也更为成熟。儿童时期的记忆是无意识的、机械的，但到了青少年时期，他们的记忆开始变成有意义的、有方法的、有目的的记忆，形成一种更为成熟的记忆能力。

4. 逻辑思维能力

当具备了一定的记忆能力、抽象思维能力和概括能力之后，逻辑推理能力也随之发展了起来。青少年能以以往的记忆为基础，结合最新获得的信息，经过加工、整理和概括，推导出一定的结论，这就是逻辑思维能力的体现。有了逻辑思维能力后，发展独立思考能力以及自我意识等逐渐成为可能。

在婴幼儿时期，由于他们在很多方面都十分弱小，都需要依赖成人的照顾才能正常生活，因此，婴幼儿主要依赖成人的意愿而生活。然而，逻辑思维能力是非常重要的能力，当青少年掌握了逻辑思维能力之后，也就意味着他们可以逐渐具备独立生活的能力了。

（二）自我意识增强

在思维能力更加成熟之后，青少年的自我意识开始增强。他们对自己的认识和态度、对自己和周围人之间的关系的认识和态度都逐渐清晰起来。和婴幼儿时期不同的是，青少年生活内容和生活空间都有了很大的不同。婴幼儿的主要活动空间就是家庭，偶尔外出去公园、游乐园也是在家长的近身陪护下进行的。因此，他们最初以为自己和养育者是共生的，此时并没有自我意识。随着智力水平的增长，以及接触到更多的人和事、活动范围越来越广泛，青少年的自我意识水平也随之不断提高。

青少年会意识到自我和他人的不同，并且随着见闻的不断增长，他们也认识到自己的渺小，此时帮助他们建立独立的人格、设定自身的边界等都是非常重要的。青少年一边在好奇心的驱使下探索外面的世界，一边也在逐步建立和完善自我意识，这是他们成长的最重要的标志。

（三）性意识的觉醒

性意识的觉醒是青少年走向成年的重要标志。他们开始认识到人是有性别之分的，而且不自觉地会亲近同性，和异性相处感到拘谨。性意识的觉醒，也是分阶段的，在不同的阶段会表现出不同的心理特征（行为依据），这些都是青少年成长的必经阶段。无论是学校还是家庭都应承担起责任，对青少年的性心理做出正确的引导。

1. 疏远异性阶段

一般地，当青少年开始进入第二性征发育阶段时，他们的性意识也开始逐渐觉醒。身体的变化让他们开始意识到自己与异性之间的差别，这是身体的变化引起心理的变化。对于青少年而言，这是非常新奇的体验，同时也伴随着心理的微妙变化，如羞涩、不安、抗拒等各种情绪，这时候，教师和家长要更加细心地关照到青少年这些细微的心理变化，应该给予及时的纾解和引导，帮助他们正确地理解和认识性的觉醒，接受自己身体的变化。

尤其需要注意的是，这一阶段的青少年会出现明显的害羞状态，他们不再像小时候那样自如地和异性玩耍。进入青春发育期之后，青少年开始有意无意地回避异性，更喜欢和同性同学或者玩伴相处，这都是正常的现象，表明青少年进入了性意识觉醒的初级阶段。

2. 接近异性阶段

经过最初的惶恐与不安之后，青少年在成长中能够逐渐接纳自身的变化，并且进一步地，开始对异性有了新的了解，从回避转变为好奇，愿意更多地接近和了解异性，这些都是正常的现象。

这一阶段往往是"早恋"的高发期，青少年可能突然对某个异性产生特别的情感，他们不再满足于只和同性小伙伴交往，而是对异性产生特别的好感，并想要接近彼此。青少年时期的这种变化是性意识觉醒的必然过程，家长和学校应该正视他们的生理发展规律，并给出及时和重要引导。在呵护他们这份单纯而美好的感情之外，也要及时地进行性启蒙和性教育，避免他们由于无知而做出给自己和他人带来伤害的事情。

（四）情感自控力较差

进入青春期之后，青少年的生理变化也引起心理和情感的一系列变化，他们的心理逐渐变得成熟、细腻和复杂。在儿童时期，人的情感是比较简单和单纯的，随着年龄的增长，以及身体发生的一系列变化，他们逐渐进入复杂的成人世界。但是，此时他们还不完全成熟，尤其表现为情感比较容易走极端，爱冲动，自控力比较差。因此，关注青少年的情感状况是保障其心理正常发展的重要工作。

1. 独立自主和家长式教育理念之间的矛盾

在中国传统文化背景下，绝大多数家庭都要求孩子对家长要言听计从，乖和孝顺是评价孩子的一条非常重要的标准。但是处于青春期的少年，由于身体的变化，体内激素水平不稳定，以及他们自身难以控制的反叛精神，会促使青少年表现出明显的叛逆，这往往是令学校和家庭最为头疼的一个阶段。

但是叛逆期是成长的一个重要阶段，家庭、学校和社会应该给予青少年一定的表达空间。同时，由于中国家庭普遍存在大包大揽的育儿观念，一些父母喜欢事无巨细地管理孩子的生活起居和学习、交往以及各种兴趣活动。这在某种程度上会挤压青少年自主探索的空间，也会让他们产生逆反心理。如果不及时改变，会加剧青春期叛逆的程度。此时，家长和教师应注意尊重青少年刚刚觉醒的自我意识，尊重他们的自尊心和想要独立自主的意愿，这样才能保持他们的情感表达，维系亲子间或者师生间的顺畅沟通，作为家长和教师，才能真正地参与青少年的成长，而不是仅仅给予简单的管教和批评。

2. 独立和依赖的矛盾

青少年时期还是从儿童的依赖期向成年的独立期发展的关键阶段。这一阶段，如果家庭和学校能给予青少年足够好的引导和锻炼机会，那么他们将能够顺利地成长，逐渐从凡事都要依赖家长和教师，转变为开始尝试发展自身的各项能力，掌握必要的生存技能和本领。但现实往往是，还没有发展出独立应对问题的能力，就急于表现自己，或者对自身的能力有过高的期待，这就是青少年莽撞、轻率的原因。

实际上，青少年心里存在渴望独立又难以摆脱依赖的矛盾。他们想要表明自己已经长大了，但是又不可否认，他们在很多方面还要依赖家长和教师，无论是经济上、阅历上还是能力上，他们还不能独当一面，还需要更多的学习和锻炼。

3. 理想主义与现实生活之间的矛盾

青少年的生活经历是相对单纯和简单的，但是他们精力旺盛，内心充满力量，而且对未来和自己都有很多不切实际的想法，这既是好事也存在一定的问题。比如，对未来充满幻想，是青少年具有旺盛的生命力的表现，但是过于理想化又很容易让他们受伤。因为一旦面对现实，则难免会失望。

这时候也是家长和教师细心呵护他们敏感而脆弱的心理时期，青少年未来的理想和抱负是非常珍贵的，但是需要家长和教师给予指导，使这些理想和愿望更容易实现，从而激励他们不断地探索和进步。

4. 行动力强与判断能力有限的矛盾

由于知识和生活阅历十分有限，青少年还面临着行动力强但是判断能力有限的矛盾。青少年对生活的认识是很单纯的，喜欢就去做，不喜欢就拒绝，但是他们的判断常常是草率的、片面的，因为此时的青少年还不具备完善的辨别是非的能力。因此，在实际生活中，他们也常常犯错，或者遇到大大小小的挫折，但是这些都是成长所必经的过程，是他们积累人生经验的途径。教师和家长要做的就是，当他们遇到困难和挫折时，及时提供帮助，肯定他们的勇气，也要指出其中的不足，这是促进他们快速成长、少走弯路，以及不会因为一时的得失而迷失的最佳办法。

第二节　青少年健康现状分析

我国青少年的健康水平近年来发生了较为明显的变化，这与时代发展特征是息息相关的。其中包括社会整体经济水平、环境污染程度、社会竞争程度以及人们的健康观念等，这些都会对青少年群体的健康发展产生不同程度的影响，本节将从两个方面展开分析。

一、青少年当前体质健康现状

（一）整体健康水平表现良好

近 40 多年来，随着我国改革开放政策的推行，国内生产总值逐年得到提高，不仅如此，我国在科技、教育、制造业等多个方面都取得了惊人的成绩。因此，当前的青少年可以说是生长在国家和平、昌盛、强大的时代，他们基本上生活在生活条件较好，物质水平中等或者以上的环境下，因此新一代的青少年普遍而言都具有较好的健康水平。他们先天发育良好，后天营养充沛，和以往相比，他们的身高、体重都比较好，较少出现贫血、营养不良等情况。

（二）青少年突出的健康问题

然而，新时代青少年也具有以往并不多见的健康隐患。比如，近视眼、肥胖、哮喘、龋齿、性早熟等问题，危害着青少年群体的健康发展。社会和家庭对此都要十分重视，并寻求科学的方法进行控制和治疗。只是，这些健康隐患与青少年的生活环境、生活习惯以及学校和家庭教育有着直接关系。有些家庭缺乏健康意识，在养育孩子的过程中，只知道给予充足的营养，却不懂得要结合合理的锻炼，因此就出现了一批批的"小胖墩"，这些儿童青少年由于营养过剩，没有科学的饮食习惯和锻炼习惯，因此出现体重超标，进而使心脏、肝功能等出现不同程度的异常。

尽管社会、学校和家庭都十分重视青少年的健康问题，也从不同方面做出了尝试和努力，但是要想全面改善青少年的健康现状，还需要全社会的共同努力。

二、影响青少年健康的原因

(一) 社会原因

当代社会，由于生产力水平的极大进步，社会财富快速积累，在短短几十年内，人们的生活水平得到直线提升。然而，人们的生理代谢水平经过上亿年的基因更迭才有了现在的特性，其不可能因为人们生活水平和生活方式的改变，在几十年内就能适应这一改变。因此，就不可避免地出现了一些亚健康问题。

青少年正处在长身体的时期，以往这个年龄段的孩子很少从早到晚地淹没在题海中，更没有做不完的作业、上不完的补习班。他们有大量的运动和游戏的时间，然而现在的青少年由于应试压力以及社会残酷的竞争，他们早早地进入"内卷"状态，学习和提高成绩似乎是他们人生的唯一，这无疑给身体健康带来伤害。由于缺乏体育运动和正常的休息时间，青少年在生理和心理方面都产生了一些问题，如肥胖、哮喘、焦虑、抑郁等，这些问题严重危害着我国青少年的健康成长，给未来人才的培养工作也带来困难。

(二) 学校原因

当代绝大多数孩子的青少年时期都是在学校里度过的。因此，学校的教育理念和教育水平，对青少年的健康培养具有决定性的影响作用。青少年时期是培养兴趣特长的最佳时期，此时养成的生活习惯将令青少年受益终身。然而在应试教育的背景下，一些学校为了追求升学率、提升学校的口碑等目的，轻视对青少年的体育教育和运动习惯的培养，这导致一届届的毕业生只有体育成绩，却没有掌握应有的体育技能，健康观念和运动意识更无从谈起。

良好的运动习惯是决定一个学生健康水平的重要因素，如果在学校期间学校疏于教导，那么实际上是为青少年的健康发展埋下不良的种子。体育运动习惯不仅对人体的生理水平有直接的影响，同时也对心理水平的发展具有较强的决定作用。坚持体育锻炼能让人心情舒畅、性格开朗，而且也有机会结交更多志同道合的朋友，这些都在不同层面上影响着青少年的健康发展。

因此，学校必须重视体育教学，让学生从认知、行为、知识和习惯等多个方面都领会到体育的重要性，并培养他们的体育兴趣和养成运动良好的习惯，为终身体育打好基础。

（三）家庭原因

家庭是青少年成长的第一场所，也是他们最赖以生存的主要环境。在家庭中，青少年不仅在生活起居方面获得家人的照顾，而且他们还有意无意地模仿家人的观念意识和生活习惯。就以健康话题而言，要了解青少年的健康情况首先要了解他的家庭成员的生活习惯、健康观念以及家庭氛围等。不同的家庭有不同的家庭文化，不同的家庭文化决定和影响着青少年的认知和行为发展。比如，有的家庭具有较好的健康意识，无论在饮食方面、运动方面还是家人的情感链接方面，能为青少年提供全面的引导，这对养成健康的生活理念非常重要。而有的家庭却差强人意，他们对青少年缺乏合理的关注，甚至是相当的忽视，没有尽到引导和教育的责任，任由青少年自己发展。还有一些家庭本身就有不良的家庭文化和生活习惯，那么在这样的家庭氛围中成长的青少年，很可能从小就养成懒散、暴饮暴食等不良生活习惯，这必然会影响他们的身体发展和未来整体的健康状况。

（四）遗传原因

遗传因素是影响青少年健康水平的又一个重要因素。可以说，一个人的健康水平从胚胎阶段就被基因所决定了。比如，有的青少年天生就有非常好的体质水平，他们从小就不爱生病，免疫力很强，即使贪吃也不容易发胖，这就是基因决定的；而有的家庭具有家族性遗传病，携带不良基因出生的婴幼儿，可能日后有很高的患有家族遗传病的概率。

不过，通过了解家族基因水平和遗传病史，提早做好预防，或者有针对性地加强营养、锻炼和生活习惯的调节，也能在一定程度上改善青少年的体质健康水平。尤其在当今医学十分发达，以及科技手段不断迭代更新的背景下，只要能认识到这些潜在的健康影响因素，都能找到适当的干预措施，助力青少年的健康成长。

（五）个人原因

青少年个人的性格、意志水平也是影响其健康发展的重要因素之一。比如，有的青少年意识薄弱，难以坚持锻炼；有的青少年自律较差，经常吃垃圾食品从而影响了健康；有的青少年缺乏自主性，事事依赖家长，凡事希望家长操办，这样也不利于他们的身心健康发展。

因此，在对青少年进行健康管理时，也不能忽视其个人因素的影响。要全面了解他的性格特点、生活习惯、兴趣偏好等，并需要学校、社会和家庭的共同努力，针对不同青少年的个人原因进行引导和培养，以促进他们养成有利于身心发展的积极的价值观和良好的生活、运动习惯。

第三节　青少年身心健康测试

一、青少年身体健康测试

（一）身高与体重

1. 测试目的

身高和体重是反映青少年体质健康水平的最基本、最重要的指标，一般地，都是将身高与体重测试同时进行，通过观察两个指标是否匹配，可以判定其身体是否匀称、是否在健康的体质范围之内等。

总之，通过测量身高与体重能够直观地反映出青少年的身体健康水平、生长发育及营养状况水平等。

2. 器材及场地

身高测量计和电子体重计。

一般会选择室内进行，这样可以避免因自然天气情况而影响测量的准确性。

3. 测试方法

测量时，要求青少年情绪平稳，赤足，身穿单衣，以立正姿势站在测量仪器上，身体保持稳定，躯干自然挺直，目视前方，双手自然放在身体两侧。

测量教师要注意读数准确，身高测量误差不超过 0.5 厘米，体重测量误差不高于 0.01 千克。

4. 注意事项

（1）测量前，确保每个青少年都基本处于静息状态，避免进行剧烈的体育活动。

（2）测试教师读取身高数字时，要注意两眼与刻度板处于水平位置；在读取体重数字时，要等指针平稳后再读取，如果采用的是电子体重计，也要等数字显示稳定后再读数。

（3）测量身高时，女生要取下发饰，男生如果头发过于浓密，应注意压紧水平压板，使其尽量与男生的头部接触再读取数字。

（二）肺活量

1. 测试目的

测试青少年的肺通气功能。

2. 器材及场地

电子肺活量测试仪一台，一般在室内测量。

3. 测试方法

在正式测试之前，测试教师指导学生先熟悉肺活量测试仪的测量方式和注意事项。在正式测试之前，要先对测试仪器进行预热。每个人在测试时，为了掌握吹气的力度，可以先试吹一次，并体会自己的用力程度，准备正式的吹气。

测试时，教师指导被测青少年先做两次深呼吸，然后深深吸一口气双手捂住口嘴，并慢慢向外呼出所有的气息，注意中途不准偷偷吸气。吹气后得到的结果，就是被测者的肺活量。每位可测量三次，选择最佳结果作为测试结果。

4. 注意事项

（1）为了避免口水污染气道，吹气筒的导管要放置在上方。

（2）使用一次性口嘴测试。测试教师要及时对气筒内部进行擦拭和消毒，避免呼吸道病毒交叉感染。

（3）每次测试之间应至少间隔 15 秒，以保障测试者恢复正常的气息。

（三）台阶试验

1. 测试目的

台阶测试主要是测试青少年在定量负荷后的心率变化情况，并以此来评价被测者机体的心血管机能水平。

2. 器材及场地

节拍器、秒表、台阶实验仪，选择高度适宜的台阶（一般女生选择35 厘米、男生选择 40 厘米的台阶进行测试）。

3. 测试方法

测试前，教师指导所有测试者做轻度的准备活动，主要以活动踝关节和膝关节为主，注意不要做快速、激烈的活动，以保持心率处于静息状态，测试被测者此时的脉搏，并记录下来。然后教师设置节拍器按照120 次/分的节奏打拍子，然后要求被测者完成台阶测试。具体的动作要求为：被测者一只脚踏在台阶上，然后伸直腿站立在台阶上，另一只脚跟随完成同样的动作，要求是先踏台的脚先落地，后踏台的脚后落地，如此连续进行 3 分钟。教师负责测量运动结束后的 1 分钟至 1 分半、2 分钟至 2 分半、3 分钟至 3 分半时被测者的脉搏数，并用下列公式求得评定指数，只保留整数部分，小数点后数字做四舍五入处理：

评价指数＝踏台上、下运动的持续时间（秒）×100/2×（3 次测定脉搏的和）。

4. 注意事项

（1）严格按照要求进行，如测试中途感到心脏不适应立即停止测试。

（2）如果受试者不能完成连续 3 分钟的运动，可以以实际上、下台阶的持续时间计算，但是要坚持到不能再坚持时其测试结果才有意义。计算公式和方法同上。

（四）50 米跑

1. 测试目的

50 米跑测试能够很好地测试青少年的速度、灵敏度等运动素质的发展水平。

2. 器材及场地

器材需准备发令旗、哨子、秒表。场地选择适合进行 50 米跑的操场、体育场。

3. 测试方法

按照正常的 50 米短跑测试的方式进行，教师注意准确计时，并监督被测者没有抢跑等犯规行为。计时以秒为单位，并精确到小数点后一位。小数点后第二位数按照非 "0" 时则进 1，如 10.11 秒读成 10.2 秒，并且要记录。

4. 注意事项

（1）受试者测试前做好充分的热身准备，并穿好运动衣和运动鞋。

（2）如果是在室外进行，应选择无风的天气进行，否则不能进行测试。

（五）800 米或 1000 米跑

1. 测试目的

女生测试 800 米，男生测试 1000 米。该测试可用于评价被测青少年的有氧耐力素质以及心血管呼吸系统的机能水平，另外也能反映出被测的腿部、手臂、核心等肌群的力量素质发展水平。

2. 器材及场地

器材和 50 米跑相同即可，场地建议选择标准的田径跑道。

3. 测试方法

要求与 50 米跑的测试要求相似，被测注意不要犯规，教师要准确计时。

4. 注意事项

（1）测试前 1 个小时不要进食和大量喝水；测试后不要立即大量饮水，尤其是在夏季。

（2）测试后不要立即停止运动，应慢跑或者保持走路让身体逐渐恢复到安静状态。

（六）立定跳远

1. 测试目的

立定跳远测试的是青少年下肢肌肉的爆发力以及身体整体的协调能力。

2. 器材及场地

沙坑、丈量尺。

3. 测试方法

被测青少年要做好热身准备，尤其要活动踝关节和膝关节，并在正式测试前，先轻轻地做两次立定跳远动作，拿出 70% 左右的力气即可，主要目的是唤醒身体各个肌群和关节，为正式的跳跃做好准备。正式测试时注意双脚不能踩线，且双脚要同时起跳，不能偷偷垫步，完成跳跃后身体向前倾斜，完成缓冲后起身。每人跳三次，记录成绩最好的一次作为测试结果。教师测量时，选择距离起跳线最近的落地点进行测量。

4. 注意事项

（1）测试前要认真检查沙坑内有没有石块或者玻璃等硬物，保证测试安全进行。

（2）有的青少年习惯性地在落地时向后倒，这会影响测试的进行，应及时指导青少年规范完成动作。

（七）掷实心球

1. 测试目的

掷实心球测试的是青少年上肢的爆发力以及身体的协调力发展情况。

2. 器材及场地

准备标准的实心球若干，选择直径大于 30 米的平整场地。

3. 测试方法

测试前，教师带领被测青少年进行热身活动，主要是腰腹肌群的热身、肩关节以及手臂的准备活动。开始测试时，被测者站在起掷线后，双脚自然分开，双手举球至头上方稍后仰，然后原地用力将球投向前方。每人投掷三次，记录成绩最好的一次作为测试结果。

4. 注意事项

（1）投掷实心球最重要的一点就是要原地用力，不能助跑，否则算犯规。

（2）测试前进行充分热身，否则要么因用力不足导致成绩不理想，要么因用力过猛导致腰肌拉伤等意外发生。

（八）握力

1. 测试目的

测试青少年上肢的肌肉力量。

2. 器材

握力计若干。

3. 测试方法

一般在测试握力时，要求被测者保持自然站立姿势，双臂自然下垂，且不能接触身体的其他部位。需测试的手用全力紧握握力计，并记下最大数值，每人测试两次，取最大值为测试成绩。

4. 注意事项

（1）测试时注意测试的手不能触及任何外物，包括自己的身体。
（2）不要连续多次测试，用力过多反而会降低测试水平。

（九）引体向上

1. 测试目的

引体向上一般用于测试男性青少年的上肢力量和耐力。

2. 器材

标准的高单杠若干。

3. 测试方法

要求被测者跳起双手正握单杠，然后调整好双手与肩同宽，呈直臂垂悬姿势，等待测试的开始。听教师口令开始后，双臂同时用力将身体上提，直至下颌超过横杠上缘为一次。努力做出自己的最多次数后，完成测试。准确记录引体次数。

4. 注意事项

（1）受试者要双手正握单杠，待身体静止后开始测试。
（2）测试时身体不可以做大的摆动，不可以有附加动作。

（十）坐位体前屈

1. 测试目的

主要用于测评青少年身体柔韧性。

2. 器材

坐位体前屈测试计。

3. 测试方法

被测者要两腿伸直，两脚平蹬测试纵板坐在平地上，上体前屈，双臂向前伸直，用两手中指指尖逐渐向前推动游标，直到不可前推为止。每人测试两次，取最好成绩作为测试结果。

4. 注意事项

（1）身体前屈向前推游标时，双腿始终保持伸直。
（2）注意测试过程中要保持匀速向前推动游标，如果借助惯性突然发力，则测试无效。

（十一）仰卧起坐

1. 测试目的

测试核心肌群的耐力。

2．器材

瑜伽垫或者运动垫子若干。

3．测试方法

一般需两人一组配合完成测试。被测者仰卧于垫上，屈膝成 90°角，两手交叉贴于脑后。同伴压住其踝关节，测试开始后，被测者用最快的速度起身坐起，并用双肘触及双膝为完成一次动作，然后记录被测在 1 分钟之内完成的次数。

4．注意事项

（1）不可借用肘部撑垫或臀部起落的力量。
（2）每次起身双肘必须超过双膝位置。

二、青少年心理健康测试

（一）心理健康的标准

一般认为，心理健康是指在正常发展的智能基础上所形成的一种表现出良好个性、良好处世能力和良好人际关系的心理特质结构。美国心理学家马斯洛从他的人本主义理论的角度，提出了以下 14 条心理健康的标准：

（1）现实知觉良好，即能够如实地看待世界，而不是按自己的欲望和需要来观察世界。

（2）接纳自然、他人与自己，即能够接受别人、自身及自然的不足与缺憾，而不会被这些缺憾所困扰。

（3）自发、坦率、真实，即行为坦诚、自然，没有隐藏或伪装自己的企图，除非这样一种直率的表现会伤害别人。

（4）以自身热爱的工作为中心，即热爱自己所从事的工作，工作起来刻苦、专注。

（5）有自立和独处的需要，即不依靠别人来求得安全感和满足感，遇到问题时要冷静、独立地思考，把解决问题的希望寄托在自己身上。

（6）在自然与社会文化环境中能保持相对的独立性，即无论在什么样的环境中都能独立自主，并具有自制的能力，在碰到挫折、受到打击的情况下，也依然如此。

（7）有持久的欣赏力，即对于某些经验，特别是审美体验，有着奇特而经久不衰的欣赏力，不会因事物的重复出现而为之烦恼，相反，却为能保留和享受这些美好的回忆而欣慰不已。

（8）具有难以形容的高峰体验，即在人生中存在这样的体验：感受到强烈的醉心、狂喜和敬畏情绪，感觉到极大的力量、自信和决断意向。

（9）关注社会道德，即把帮助穷困受苦的人视为自己的天职，具有同世间所有的人同甘苦、共患难的强烈意识，千方百计为他人的利益着想。

（10）人际关系良好，即注重友谊和爱心，但交友的数目一般不多，同伴圈子较小。

（11）具有民主的性格结构，即谦虚待人，不存偏见，尊重别人的权利和个性，善于倾听不同的意见。

（12）富于创造性，即具有同儿童天真的想象相类似的倾向，具有独创、发明和追求革新的特点。

（13）处事幽默、风趣，即善于观察人世间的荒诞和不协调现象，并能够以一种诙谐、风趣的方式将其恰当地表现出来，但绝不把这种本领用于有缺陷的人，对不幸者总是寄予同情。

（14）反对盲目遵从，即对随意应和他人的观点、行为十分反感，有自己的主见，认定的事情就坚持去做，而不应顾及传统的力量或舆论的压力。

世界心理卫生联合会也提出了心理健康的具体标准，即身体、智力、情绪十分调和；适应环境，人际交往中能彼此谦让；有幸福感；在工作和职业中，能充分发挥自己的能力，过着有效的生活。

需要指出的是，心理健康既有其基本的标准或必需的成分，同时也存在广阔的发展空间。就心理健康的必需成分而言，智能的正常发展是心理健康的基础，良好的个性、良好的处世能力和良好的人际关系是心理健康的必要条件，它们的完美结合即构成心理健康的理想模型。但在现实生活中，这种理想模型会因个体所处的人生发展阶段、社会文化背景的不同而有所变化。

（二）青少年心理健康评定量表的选择

现在青少年心理健康评定量表有很多，量表的使用者要根据自己的研究目的来选择，选择青少年心理健康评定量表要考虑以下四个方面：

1. 功效性

所谓量表的功效性指所使用的量表能否全面、清晰地反映所要评定的青少年心理特征，真实性又如何，这与量表本身的内容结构有关。质量好的量表应该项目描述清晰、等级划分合理、定义明确，以反映出行为的细微变化。量表应尽可能简短，又不损失必要的细节。

2. 敏感性

敏感性指选择的量表应该对所评定的内容敏感，即能测出青少年某心理特征、品质或程度上的有意义的变化，这与临床上常用的诊断敏感性（特异性为其对应的名词）不同，尽管性质相似，但意义要更广泛。量表的敏感性既与量表的项目数量和结果表达形式（如因子分）有关，又受量表的标准化程度和信度高低影响。

3. 简便性

简便性指所选择的量表简明、省时和方便。实际上，量表简短、省时就难全面；使用者不加训练和采用非标准化方法就会降低量表的信度，影响结果的可靠性。使用者应根据自己研究需要采用不同量表，比如，用简短量表进行筛查，然后再使用项目多、功能较齐全的量表进行特征性分类研究或病情诊断。几个心理健康量表同时配合使用，能弥补单一量表这方面的缺点。

4. 可分析性

使用青少年心理健康评定量表的目的是对青少年的心理特征、品质作质与量的估计，这就需要分析比较。一般而言，量表应有其比较标准，或者是常模，或者是描述性标准。

（三）青少年心理健康量表（MHT）

青少年心理健康量表是我国心理学工作者根据日本铃木清等编制的《不安倾向诊断测验》修订而成的，可用于综合检测青少年的心理健康状况。该测验共有 100 个项目，在这 100 个项目中含有八个内容量表和一个效度量表（测谎量表）。

八个内容量表分别针对：学习焦虑、对人焦虑、孤独倾向、自责倾向、过敏倾向、身体症状、恐怖倾向、冲动倾向。每个项目后面有"是"和"不是"两个答案，要求被试对象根据自己的真实情况进行选择。该测验属于团体测验，也可个别施测。测验实施时，先发给被试每人一份"MHT 回答纸"，要求填写省、市、区、县、学校、年级、班级、学号、姓名、性别、测验日期等。待被试填写好上述各项后，再发测题本，要求被试根据指导语来进行，边看边听主试朗读，同时做好"例题"练习。待被试掌握了答题方式之后，方可开卷进行正式测试。测验的计分规则是：选"是"答案者记 1 分；选"否"答案者记 0 分。

在整个问卷项目中，组成效度量表的项目共有 10 项，它们是第82、第 84、第 86、第 88、第 90、第 92、第 94、第 96、第 98、第 100项。如果它们的合计得分比较高，则可以认为该被试是为了获得好成绩而作假的，所以测验结果不可信。在解释测验结果时，对得高分的人需要特别注意，尤其是得分在 7 分以上者，可考虑将该份答卷作废，并在适当时候重新进行测验。除去效度量表项目，将余下的全部问卷项目得分累加起来，即可得到全量表分。全量表分从整体上表示焦虑程度强不强、焦虑范围广不广。全量表分在 65 分以上者，即可认为存在一定的心理障碍，在日常生活中有不适应行为，有的可能存在攻击和暴力行为等，因而需要制订特别的个人指导计划。

除效度量表外，由测验项目组成的八个内容量表的组成与含义如下：

1. 学习焦虑

由第 1、第 2、第 3、第 4、第 5、第 6、第 7、第 8、第 9、第 10、第 11、第 12、第 13、第 14、第 15 项组成。高分（8 分以上）：对考试怀有恐惧心理，无法安心学习，十分关心考试分数。这类被试必须接受为他制订的有针对性的特别指导计划。低分（3分以下）：学习焦虑低，学习不会受到困扰，能正确对待考试成绩。

2. 对人焦虑

由第16、第17、第18、第19、第20、第21、第22、第23、第24、第25项组成。高分（8分以上）：过分注重自己的形象，害怕与人交往，退缩。这类被试必须接受为他制订的有针对性的特别指导计划。低分（3分以下）：热情、大方，容易结交朋友。

3. 孤独倾向

由第26、第27、第28、第29、第30、第31、第32、第33、第34、第35项组成。高分（8分以上）：孤独、抑郁，不善于与人交往，自我封闭。这类被试必须接受为他制订的有针对性的特别指导计划。低分（3分以下）：爱好社交、喜欢寻求刺激、喜欢与他人在一起。

4. 自责倾向

由第36、第37、第38、第39、第40、第41、第42、第43、第44、第45项组成。高分（8分以上）：自卑，常怀疑自己的能力，常将失败、过失归咎于自己。这类被试必须接受为他制订的有针对性的特别指导计划。低分（3分以下）：自信，能正确看待失败。

5. 过敏倾向

由第46、第47、第48、第49、第50、第51、第52、第53、第54、第55项组成。高分（8分以上）：过于敏感，容易为一些小事而烦恼。这类被试必须接受为他制订的有针对性的特别指导计划。低分（3分以下）：敏感性较低，能较好地处理日常事务。

6. 身体症状

由第56、第57、第58、第59、第60、第61、第62、第63、第64、第65、第66、第67、第68、第69、第70项组成。高分（8分以上）：在极度焦虑的时候，会出现呕吐失眠、小便失禁等明显症状。这类被试必须接受为他制订的有针对性的特别指导计划。低分（3分以下）：基本没有身体异常表现。

7. 恐怖倾向

由第71、第72、第73、第74、第75、第76、第78、第79、第80项组成。高分（8分以上）：对某些日常事务，如黑暗等，有较严重的恐惧感。这类被试必须接受为他制订的有针对性的特别指导计划。低分（3分以下）：基本没有恐怖感。

8. 冲动倾向

由第81、第83、第85、第87、第89、第91、第93、第95、第97、第99项组成。高分（8分以上）：十分冲动，自制力较差。这类被试必须接受为他制订的有针对性的特别指导计划。低分（3分以下）：基本没有冲动。

青少年心理健康量表（MHT）

班级　姓名　性别　年龄

说明：这个测验是调查你的心情和感受的，不是测验智力和学习能力，与学习成绩无关，答案也没有好坏之分。①请按照你平常所想的如实回答。②每一问题都要回答，但只能选择一个答案，难以决定时，请选与你最接近的答案。③有不明白的地方可以举手问老师。④回答时间没有限制，但不要过分考虑，请写出你最初想到的答案。

测试题　　　　　　　　　　　　　　　　　　　　　是　否
1. 晚上你要睡觉时，是否总想着明天的功课？　　　○　○
2. 老师向全班提问时，你是否会觉得是在问自己而感到不安？

　　　　　　　　　　　　　　　　　　　　　　　○　○
3. 你是否一听说"要考试"心里就紧张？　　　　　○　○
4. 你考试成绩不好时，心里是否感到很不快？　　○　○
5. 你学习成绩不好时，是否总是提心吊胆？　　　○　○
6. 当你考试时，想不起来原先掌握的知识时，是否会感到紧张不安？　　　　　　　　　　　　　　　　　　　　　　　○　○
7. 你考试后，在没有知道成绩之前，是否总是放心不下？　○　○
8. 你是否一遇到考试，就担心会考坏？　　　　　○　○
9. 你是否希望每次考试都能顺利？　　　　　　　○　○

10. 你在没有完成任务之前，是否总担心完不成任务？ ○ ○

11. 你当着大家的面朗读课文时，是否总是怕读错？ ○ ○

12. 你是否认为学校里得到的学习成绩总是不大可靠？ ○ ○

13. 你是否认为你比别人更担心学习？ ○ ○

14. 你是否做过考试考坏了的梦？ ○ ○

15. 你是否做过学习成绩不好时，受到爸爸妈妈或老师训斥的梦？

   ○ ○

16. 你是否经常觉得有同学在背后说你的坏话？ ○ ○

17. 你受到父母批评后，是否总是想不开，放在心上？ ○ ○

18. 你玩游戏时输给了对方，是否就不想再玩了？ ○ ○

19. 人家在背后议论你，你是否感到讨厌？ ○ ○

20. 你在大家面前或被老师提问时，是否会脸红？ ○ ○

21. 你是否很担心叫你担任班级工作？ ○ ○

22. 你是否总是觉得好像有人在注意你？ ○ ○

23. 你在工作或学习时，如果有人在注意你，你心里是否会紧张？

   ○ ○

24. 你受到批评时，心情是否不愉快？ ○ ○

25. 你受到老师批评时，心里是否总是不安？ ○ ○

26. 同学在笑时，你是否也不大会笑？ ○ ○

27. 你是否觉得到同学家里去玩不如在自己家里玩？ ○ ○

28. 你和大家在一起时，是否也觉得自己是孤单的一个人？ ○ ○

29. 你是否觉得和同学一起玩，不如自己一个人玩？ ○ ○

30. 同学在交谈时，你是否不想加入？ ○ ○

31. 你和大家在一起时，是否觉得自己是多余的？ ○ ○

32. 你是否讨厌参加运动会和文艺演出？ ○ ○

33. 你的朋友是否很少？ ○ ○

34. 你是否不喜欢同别人谈话？ ○ ○

35. 在人多的地方，你是否觉得很怕？ ○ ○

36. 你在参加排球、篮球等集体比赛输了时，心里是否一直认为自己
没做好？ ○ ○

37. 你受到批评后，是否总认为是自己不好？ ○ ○

38. 别人笑你的时候，你是否会认为是自己做错了什么事？ ○ ○

39. 你学习成绩不好时，是否总认为是自己不用功的缘故？ ○ ○

40. 你做事失败的时候，是否总认为是自己的责任？　　　　○　○

41. 大家受到责备时，你是否认为主要是自己的过错？　　　○　○

42. 你参加乒乓球、羽毛球、广播操等体育比赛时，是否一出错就特别留神？　　　　　　　　　　　　　　　　　　　　　　○　○

43. 碰到为难的事情时，你是否认为自己难以应付？　　　　○　○

44. 你是否有时会后悔："那件事不做就好了？"　　　　　○　○

45. 你和同学吵架以后，是否总认为是自己的错？　　　　○　○

46. 你心里是否总想为班级做点好事？　　　　　　　　○　○

47. 你学习的时候，思想是否经常开小差？　　　　　　○　○

48. 你把东西借给别人时，是否担心别人会把东西弄坏？　○　○

49. 碰到不顺利的事情时，你心里是否很烦躁？　　　　○　○

50. 你是否非常担心家里有人生病或死去？　　　　　　○　○

51. 你是否在梦里见到死去的人？　　　　　　　　　　○　○

52. 你对收音机和汽车的声音是否特别敏感？　　　　　○　○

53. 你心里是否总觉得好像有什么事没有做好？　　　　○　○

54. 你是否总担心会发生什么意外的事？　　　　　　　○　○

55. 你在决定要做什么事时，是否总是犹豫不决？　　　○　○

56. 你的手是否经常出汗？　　　　　　　　　　　　　○　○

57. 你害羞时是否会脸红？　　　　　　　　　　　　　○　○

58. 你是否经常头痛？　　　　　　　　　　　　　　　○　○

59. 你被老师提问时，心里是否总是很紧张？　　　　　○　○

60. 你没有参加运动，心脏是否经常扑腾扑腾地跳？　　○　○

61. 你是否很容易疲劳？　　　　　　　　　　　　　　○　○

62. 你是否很不愿吃药？　　　　　　　　　　　　　　○　○

63. 夜里你是否很难入睡？　　　　　　　　　　　　　○　○

64. 你是否总觉得身体好像有什么毛病？　　　　　　　○　○

65. 你是否经常认为自己的体型和面孔比别人难看？　　○　○

66. 你是否经常觉得肠胃不好？　　　　　　　　　　　○　○

67. 你是否经常咬指甲？　　　　　　　　　　　　　　○　○

68. 你是否经常舔手指头？　　　　　　　　　　　　　○　○

69. 你是否经常感到呼吸困难？　　　　　　　　　　　○　○

70. 你去厕所的次数是否比别人多？　　　　　　　　　○　○

71. 你是否很怕到高的地方去？　　　　　　　　　　　○　○

72. 你是否害怕很多东西？　　　　　　　　　　　　○　○

73. 你是否经常做噩梦？　　　　　　　　　　　　　○　○

74. 你的胆子是否很小？　　　　　　　　　　　　　○　○

75. 夜里，你是否很怕一个人在房间里睡觉？　　　　○　○

76. 你乘车穿过隧道或路过高桥时，是否很害怕？　　○　○

77. 你是否喜欢整夜开着灯睡觉？　　　　　　　　　○　○

78. 你听到打雷声是否非常害怕？　　　　　　　　　○　○

79. 你是否非常害怕黑暗？

80. 你是否经常感到后面有人跟着你？　　　　　　　○　○

81. 你是否经常生气？　　　　　　　　　　　　　　○　○

82. 你是否不想得到好的成绩？　　　　　　　　　　○　○

83. 你是否经常会突然想哭？　　　　　　　　　　　○　○

84. 你以前是否说过谎话？　　　　　　　　　　　　○　○

85. 你有时是否会觉得，还是死了好？　　　　　　　○　○

86. 你是否一次也没有失约过？　　　　　　　　　　○　○

87. 你是否经常想大声喊叫？　　　　　　　　　　　○　○

88. 你是否能保密别人不让说的事？　　　　　　　　○　○

89. 你有时是否想过自己一个人到远的地方去？　　　○　○

90. 你是否总是很有礼貌？　　　　　　　　　　　　○　○

91. 你被人说了坏话，是否想立即采取报复行动？　　○　○

92. 老师或父母说的话，你是否都照办？　　　　　　○　○

93. 你心里不开心，是否会乱丢、乱砸东西？　　　　○　○

94. 你是否发过怒？　　　　　　　　　　　　　　　○　○

95. 你想要的东西，是否就一定要拿到手？　　　　　○　○

96. 你不喜欢的功课老师提前下课，你是否会感到特别高兴？

　　　　　　　　　　　　　　　　　　　　　　　○　○

97. 你是否经常想从高的地方跳下来？　　　　　　　○　○

98. 你是否无论对谁都很亲近？　　　　　　　　　　○　○

99. 你是否经常急躁得坐立不安？　　　　　　　　　○　○

100. 对不认识的人，你是否都喜欢？　　　　　　　○　○

第四节　青少年健康发展的对策

基于当前青少年生长发育的环境以及现状，保障其身心的同步健康成长是家庭、学校和社会需要协同努力的目标，是社会和国家未来发展的基础。本节将展开多个角度进行探索，以期为青少年营造良好的生长环境。

一、加强学校体育作用的发挥

学校的体育教学具有多种育人功能，发挥着不可替代的作用。为了加强促进青少年的健康成长，必须承担起主要的教育责任。

（一）深化体育健身育人的功能

体育育人的功能是多方面的，不仅能教导和提升学生的体育知识，增强体质水平以及各项身体机能，同时还能磨炼青少年的意志品质，长远来看，这对他们的持续发展非常有意义。

1. 强身健体

体育最基本的功能就是促进青少年获得更加健康的身体素质，尤其是在这一长身体的关键时期，帮助他们打好基础，因为无论是为了事业去打拼，还是经营幸福的家庭，都需要健康的体魄。

通过体育课的教学，教师将体育运动知识教授给学生，并以大量的训练和考试，使青少年的身体素质得到不同程度的提高，同时也监督他们掌握重要的运动能力和技巧。体育课是科学系统地对青少年进行运动教育和健康教育，掌握这些知识和技能，能够让青少年终身获益。

2. 养成运动的习惯

通过学校期间的体育教学活动，能够培养青少年的体育兴趣，养成运动的习惯。好习惯是一生的财富，如果能够在生命早期就养成有规律的运动习惯，那么在很大程度上保障了一个人的身体健康。比如那些经常进行游泳、跑步和打球等运动的人，在身体形态、精神面貌以及身体素质方面都明显地比没有运动习惯的人更加健康、精力旺盛且具有较强的免疫力。

在学校的体育教学期间，学生得到规律的体育训练，并有机会尝试多种运动项目，在这一过程中，通过不断地尝试和接受挑战，青少年得以发展自身的运动潜能，并习得一定的运动技巧，进而培养运动兴趣，最终养成运动的良好习惯。

3. 丰富生活内容

体育运动对青少年的身心发展具有多方面的助益，除增强体质、磨炼意志外，还可以丰富学生的视野和生活内容，在紧张的学习中，穿插进行一些有益身心的体育运动，能够很好地调节学生的情绪和心理，并且使生活内容丰富多彩。比如，踊跃加入兴趣小组、体育俱乐部，以及参加校内外的各种体育竞赛活动等，这些对学生而言都是重要的社会实践活动，有助于他们心智的成长，培养竞争意识、探索意识以及建立广泛的人际关系。

（二）建设课外体育运动系统

学校是青少年学习和生活的场所，由于教学的需要，学校总是给人以严谨和约束的感觉，尽管这有助于学生的学习，但是有时候也会产生一些制约的作用。为了鼓励学生广泛深入地开展体育运动，学校应积极建立课外体育运动系统，为学生开辟更多的运动空间。

所谓的课外体育运动系统，就是在教学和考试之外，建立更多的促进青少年进行体育运动的机制和环境。比较常见的有组织参与性的课外体育活动、体育特长训练班、体育俱乐部，以及各种级别、各种项目的体育竞赛活动等，这些都能调动学生的运动积极性，从而投入更多的热情和精力发展体育兴趣。

另外，还要完善学校的体育教学、训练和竞赛的一体化体系。提升校园体育竞赛的水平，从校外邀请专业的教练员、退役运动员定期参加学校的体育教学活动，让学生开阔眼界，观看一流运动员的演示，激励青少年努力奋进，争相获得更好的竞赛成绩。

二、增强体育赛事的感召力

体育竞赛是激发青少年学生的运动热情、刺激其好胜心的一个重要手段。因此，学校应投入更多的师资建立和健全学校的体育竞赛活动，鼓励学生积极参与，将体育运动作为学生日常生活的重要内容。

与此同时，加强校际间的体育互动，组织更多的专项精英赛、友谊赛、联谊赛等多种级别的比赛，从而可以消除学生对参加体育竞赛的紧张感，只有当学生能以更为轻松的心态对待体育竞赛的时候，才能接纳自身的运动水平，不会因为恐惧和担心而放弃参与的机会。

只有当青少年将参加各种体育赛事作为提升运动水平、交流运动技能的手段的时候，他们才会更加踊跃地参加，进而得到充分的发展。无论对提升身体素质还是促进自律、自强、坚毅品质方面都会产生积极的影响。

三、体育院校应承担专业功能

体校、体育传统特色学校等应主动承担起其在体育教学方面的专业角色，对整体青少年的体育发展发挥出更为广泛的作用。比如，从自身的优势体育运动项目出发，在地区或所在省市内进行统筹布局，串联起更多的体育资源，并组织多种形式的体育活动，不仅为竞技体育后备人才的培养打通出路，而且让更多的普通青少年也能发展自身的运动潜力，增强体质，建立更多的兴趣联盟。

和普通院校相比，体育传统学校具有许多资源和专业上的优势，因此在做好培养专业体育人才的同时，还应让这些资源充分发挥作用，如带动所在地区和周边的普通院校的体育文化建设。彼此建立更为广泛的合作，丰富学生的体育文化知识以及运动常识。从而深化和拓展体育教育，促进青少年的健康成长。

四、联合社会组织构建体育体系

在校园之外，青少年也有运动的需要，但是目前基本上是靠家庭的组织和带动，但是家庭的资源和能量毕竟是有限的，还有很多青少年在课余时间里难以进行稳定的、专业的体育运动。这就需要学校和社会组织加强合作，为青少年创造更丰富的运动场所和机会。

如加强与企事业单位、社会组织、社区等的沟通与协作，发动社会力量，召集更多的资源，创新体育运动组织系统。以多点、多样、多元的方式组织体育运动，这不仅让青少年在校外也能获得专业的一定安全保障的体育运动，而且还能拓宽他们的社会视野，锻炼社会适应能力和交往能力，对青少年的身心成长都具有积极意义。

五、加强健康管理

健康管理是全面监测、分析、评估、预测健康危险因素，并采取预防和维护措施的全过程，监测对象既包括患病人群，也包括健康人群和亚健康人群。传统意义上的治疗疾病是比较被动的健康管理方式，而今天我们实施健康管理主要是主动管理人体健康，维护健康，这样可以预防疾病，减少医疗支出，减轻医疗负担。

健康管理也是一种健康服务，以个体健康状况为依据提供个性化健康指导，引导服务对象积极采取行动改善自身体质状况，促进与维护健康。健康管理属于健康事务性管理服务，它具有个性化特征，该服务的实施要以个人健康档案为基础，采用的是现代生物医学管理和数字化管理相结合的模式，具体从生物学、社会学、心理学等多元学科视角出发，为不同个体、各类群体提供个性化的、全面的健康服务，为个体与群体的健康提供保障。

健康管理是一个不断运行的良性循环系统，如图1-1所示。系统的整个运行过程包括检查与监测健康危险因素（发现健康隐患）→评价健康危险因素（认识健康问题）→对健康隐患实行干预（消除隐患、解决问题）→再监测→再评价→再干预。在这个循环系统中，对健康隐患实行干预，也就是解决健康问题是核心环节。健康管理每循环运作一次，都会发现并处理一些健康问题，随着健康管理的循环运行、周而复始，健康管理服务对象的终身健康将会得到保障。如果健康管理循环系统不能有效运作，那么健康管理的效果就会大打折扣。

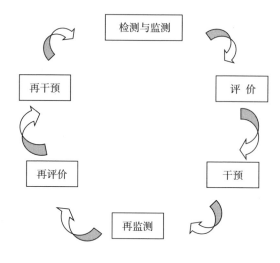

图 1-1　健康管理循环①

　　健康管理具有前瞻性，在健康管理系统的整个运行过程中，投入少，回报多，回报是指能够获得理想的健康效果，使健康服务的收益不断增加。健康管理具体分三个环节展开，分别是健康信息采集、健康和疾病风险性评估以及健康干预，这三个环节也构成了青少年健康管理的主要内容。下面对这三个方面的健康管理内容进行分析。

（一）采集健康信息

　　维护青少年健康的前提是对青少年健康状况有所了解。所以说，对青少年健康信息的收集是健康管理的第一步，也是健康管理的基础内容。

（二）健康风险评估

　　对青少年个人健康信息收集并整理后，开始评估个人健康状况、未来患病风险，以量化评估为主，通过评估，能够使个体对自身健康风险有正确的认识，引导个体调整生活方式和改变生活习惯，形成健康的生活方式，并为个体提供个性化健康干预措施，指导个体落实各项健康措

---

①　马军. 健康管理概论［M］. 北京：人民日报出版社，2006.

施或配合健康干预服务，然后评估健康干预措施的实践效果。

在健康风险评估环节，主要是通过了解健康风险因素而对患病的可能性、概率进行评估，也就是进行疾病预测。通过综合分析青少年的健康信息，发现其中的健康风险因素，基于此，对该个体在未来一定时期内发生某种疾病或出现某种非健康状况的可能性进行预估。疾病预测具有评估结果可量化、可比较等特点，根据可量化的评估结果，可以判断个体属于低危人群、中危人群还是高危人群，针对不同人群对不同健康干预方案予以制定和实施，制订个性化健康管理计划（提出健康改善目标，提供健康行为指南，明确健康改善模块），从而使健康危险因素得到有效控制。

（三）健康干预

在健康信息采集和健康风险评估的基础上，通过科学有效的方法、手段引导青少年采取行动，摒弃不健康的生活习惯，将危害健康的危险因素控制到最低，甚至完全消除健康隐患，有序实施健康管理计划，通过实际行动达到健康管理目标。健康干预要根据青少年的实际情况进行针对性的实施，它具有个性化，要为不同的青少年设定不同的健康管理目标、进行不同的健康指导，并对健康干预效果进行动态追踪和监控。

健康管理的以上内容是相互联系、缺一不可的，为提高青少年健康管理效率，在管理过程中可建立互联网健康服务平台，设计相应的用户端计算机系统。需要注意的是，健康管理是长期的过程，是循环运行的，前后环节连续不断，健康管理甚至要伴随人的一生，但在经过一定时间的健康干预之后，要重新采集青少年的健康信息，评估新的健康风险，调整健康干预计划，只有长期坚持，才能延续健康管理的效果，为青少年的终身健康服务。

第二章

学校健康教育

　　学校是青少年成长的重要场所，他们在这里不仅能够学到各种知识和技能，而且还要接受必要的健康教育，这是保障青少年全面成长的必要条件。本章将从学校健康教育概论、学校健康教育课程教学、青少年心理健康教育、青少年健康行为指导、青春期健康教育和青少年安全教育六个方面进行详细的研究。

第一节　学校健康教育概论

学校健康教育是随着社会发展以及教育的不断延展而成为当前学校教学工作的一项组成部分。因此，将健康教育作为一门学科最先是从美国、英国、法国、日本等国的学校中开始的。尽管我国学校的健康教育起步较晚，但是后来者也有其独有的优势，即可以借鉴他国的成果经验从而避免了走弯路，反而获得较高的效率。近年来，国家对国民健康非常重视，在学校的体育教学中，也不断进行优化和改革，其中就包含对学生的健康教育。

一、现阶段学校健康教育的目标

（一）学校健康教育总目标

学校开展健康教育具有明确的目标，这是学校教学工作的重要内容，与其他学科的教学之间形成较好的促进关系。比如在体育课、生物课、科学课等学科，有很多与健康教育相互呼应的内容，这样的课程设置十分有利于学生的学习。

多种学科在健康方面的内容交叉，是为了达到一定的教学目标，整体而言，我国现阶段学校的健康教育总体目标有以下三点：

（1）提高学生的健康与卫生意识，加强个人保健与疾病预防，从而促进学生的健康成长。

（2）促进青少年逐步养成健康的行为习惯，构建稳定、健康的生活方式，从而保障青少年长期具有较好的生活质量。

（3）增进学生的自觉意识，深度理解健康的价值和意义，加强对自我进行全面管理的责任感和自觉性，提高社会竞争能力。

（二）学校健康教育的基本途径

学校健康教育的实现，还需要可靠的途径。比如常见的有健康教育课、实验课、专题讲座、卫生活动、宣传、社会实践和体检等。通过这些基本途径，学校将各种相关健康知识传播给学生，同时让学生通过不同的感官体验获得知识和能力的提升，因此能够有效促进学生的健康成长。

随着科技的不断进步，人工智能、多媒体等新型技术在教育和传播领域的不断深入，为学校的健康教育增加了新的途径，使原来单向的传播改变为交互的、开源的更为丰富、高效的教育途径。

（三）学校健康教育的基本要求

1. 教育形式要符合学生的身心特点

学校开展健康教育尤其要注重方式方法，因为教育的对象是未成年的学生，他们的认知能力还有局限性，在讲解一些生理卫生知识时，应选择适合青少年的方式和内容。

2. 要系统地开展工作

健康教育是一个包含多个学科的系统工程，因此，学校的健康教育工作应该是系统的、有组织和有计划的，将庞杂的健康知识一步步地教授给学生，还要能保证学生能理解、消化和吸收。

另外，还要注意课内外相结合、理论与实践相结合、校内外相结合。避免教授"死"的课本知识，引导学生活学活用，能够自觉地将学校学到的健康知识用于指导自己的日常生活。这样才能提高主体作用。这样才能提高教学效率。

3. 提高教师的健康专业素质

教师是推动我国学校健康教育工作的一线人员，因此，教师自身的素质水平将决定学生的发展高度。学校必须重视对负责健康的教师的职业培训工作，定期进行专业培训和业务交流，邀请专家来校进行指导，从而保证学校的健康教育能够始终保持在较高的水平，使学生的健康意识和观念与时代同步，并且懂得主动去更新一些健康知识，淘汰过时的或者错误的健身保健的观念。

二、学校健康教育的基本原则

学校的健康教育是依据国家既定的教育方针进行的，并且在实践过程中还要循序一定的原则进行。教育的原则以教育规律为客观依据，在健康教育过程中，用于提高健康教育的工作效率。

（一）科学性原则

任何教育活动都首先要遵循科学性原则。学校的健康教育是以辩证唯物主义思想为指导，并在尊重青少年身心发展特点的基础上进行。健康教育的内容，也是以生物科学、现代医学、教育学、营养学等诸多科学理论为基础，施以科学、恰当的教育形式而进行的。

同时，科学性原则还指用科学发展观引导学生进行独立思考，教会他们具有一定的批判意识，能够识别身边落后的思想观念，尤其是封建迷信思想和行为，以及伪科学的养生保健做法，都能够自觉杜绝，并努力影响身边的人也一起发展科学的生活观、健康观。

（二）针对性原则

针对性原则是指健康教育要依据针对性原则进行，即根据青少年的身心特点，以及个体差异、性格偏好等不同因素，进行有针对性的教育和引导。尤其当前的教育十分强调以人为本教育理念，因此更加应该根据学生的个体情况进行有针对性的教学。

无论是教育形式还是教育方法，都要依据学生的认知能力、智商发展水平、心智成熟水平以及兴趣点等综合因素进行设计和选择。这也就意味着教师要充分了解自己所面对的授课对象。不仅要在课堂45分钟之内与他们充分互动，而且在课前要做好备课准备，课后要督促学生能将所学知识运用于实际生活中。即使在同一个课堂上，教师也应该有意识照顾到不同学习能力的学生，对于学习积极性高、学习能力强的学生和学习能力差、欠缺学习热情的学生应选择不同的教学方法。

（三）集体与个体教育相结合的原则

对青少年的健康教育一定要注意集体教育与个体教育结合进行，才会获得更好的效果。首先，对青少年的教育需要以集体教育的形式为主，这是毋庸置疑的，集体教育的优势是普及基础知识和技能。然而对于青少年群体而言，他们正是发展个性、认识自我的阶段，并且每个学生之间的认知能力具有较大的差距，这些就需要教师在根据个人情况进行个别的辅导，或者以班级为单位，或者以小组为单位，根据学生的个性或认知能力进行个别的教授与引导。

（四）课内外教育相结合的原则

根据青少年的年龄特点，还应积极组织课外活动，通过课内与课外相结合的方式，激发青少年学生的学习热情，创造更加丰富多元的学习环境，以及鲜活的实践机会，让青少年有机会在现实生活中运用所学的健康知识和技能。除常规健康课程外，还可以组织一些健康教育活动，比如和社区联合组织学生进行社区环境考察与评价，去孤儿院给孤残儿童献爱心等。这些社会公益活动，不仅有助于学生了解社会的多面性，而且还能有效激励学生关注身边的健康卫生条件，从我做起，力所能及地维护自身健康并乐于助人，发挥正能量去影响他人。

三、学校健康教育方法

学校在开展健康教育的过程中，选择的教育方法要科学合理，既要符合学生的接受能力和认知水平，又要结合当前社会的发展趋势，与时代同步，采用最新的信息手段，采用广为学生喜欢的形式进行教学。比如许多青少年学生都喜欢用短视频、直播等方式获取信息，学校也应该积极研发这种新型的教育模式，以满足学生的学习需要。

（一）语言教育方法

最基本的教育方法是语言教育法，它是指运用语言讲述的方式向学生传达知识信息的一种教学方式。健康教育中有许多理论知识需要借助语言教育法进行，如讲授、解疑、提问、讨论、讲座、座谈、咨询等。语言是信息传播的最有力的工具，是开展教育活动的最重要的手段。

（二）文字教育方法

文字教育法与语言教育法相辅相成，它们一个是通过教材、资料、板书、作业、报刊等书面文字形式进行，另一个是通过口头表述进行；一个是通过视觉感知，另一个是通过听觉感知。二者相互补充，互为表里，帮助学生形成更为完整的知识体系。

第二节　学校健康教育课程教学

学校健康教育的课程设计与组织，是根据国家的教育方针，以学生的实际情况为基础，选择合适的教学内容、手段和教学环境等，开展系统的、全面的健康教育活动。

一、健康教育课程的特点

（一）双边性

健康教育课程是以教师为主导、以学生为主体的形式进行的。一门良好的健康教育课程需要教师和学生的共同合作与努力才能实现。

首先，需要教师在课前做好充分的准备，从准备教学材料、了解授课对象、组织教学内容等，都要进行深入的研究和大量的实际考察，从增进学生身心发展的角度切入，以培养学生的健康意识和习惯，养成积极正向的价值观、世界观和人生观为目标，综合设计健康教育课程，这是构建一门健康课程的必经之路。

其次，要引导学生重视健康教育课程，教导学生认识健康的重要性，逐渐承担起对自己身心健康的责任。帮助学生端正学习态度，是开展健康教育的第一步。

最后，学校要从多方面为健康教育课程创造良好的教学环境，支持教师教学工作的顺利开展，以及在校园文化建设中，督促和引导学生重视健康课程的学习。

（二）认识性

教学过程的认识性是指学生在学习中掌握知识、技能等一系列的认识活动，是一种特殊形式的认知过程。因此，如果要提高教师的教学效率和学生的学习效果，需要从认识性的角度入手，促进学生由浅入深、由表到里、由现象到本质的学习过程。通过教师的讲解，帮助学生掌握健康知识，并逐渐将"知识"转变为"能力"，甚至"习惯"，这也是健康教育的最终目的。

（三）综合性

学校的健康教育课程实际上蕴含着多个学科的知识，学好健康课意味着学生同时涉及了多门学科的相关知识，包括生理学，心理学、营养学、运动科学、行为学和社会学。尽管学生所学的知识还比较基础和粗浅，但是这为开阔他们的知识视野打下基础。因此，学校健康教育课程的开展，也是培育学生具备综合文化素质的普及性学科，有助于学生发掘自身潜能，探索未来深耕专业创造条件。

（四）转化性

和学校教学的其他学科相比，健康教育课程更强调学生对理论知识和行为习惯的同时掌握，强调知行合一。因为具有科学的健康观念的人，本质上是将健康内化为自己的价值观和生活习惯，体现在日常的点点滴滴之中。学校的健康教育就是希望让学生全面掌握健康的知识，不仅从认知上能够清楚健康的重要性，能够识别健康和不健康的区别，并且在日常的饮食起居中能够身体力行，做到高标准地要求自己，生活自律，保持饮食营养，坚持锻炼身体，不熬夜、不吸烟、不饮酒等。也就是说，健康课程在讲授时就要帮助学生将这些知识和观念转化为日常行为，促进学生早日养成健康的生活习惯。

（五）实践性

学校的健康教育课程，从讲授之初就要做到理论联系实际，将书本上的知识与学生的生活实际建立联系。实际上，有的健康教师在课堂上习惯从学生的现实生活引入授课主题。比如，以提问的方式，引导学生观察自己的日常生活，发现其中已经习以为常但是存在明显的健康隐患的问题，并依次为健康课程的起点，教授科学的健康知识。这种教学方式本身就对学生产生良好的带动作用，鼓励学生留心观察自己的生活和学习习惯，其中是否存在不科学或者不健康的陋习，以便不断改正自己的健康观念，提升生活品质，促进身体的健康发展。

二、学校健康教育课程的构成

学校健康教学课程包括教学主体、教学内容、教学手方法等因素。

（一）教学主体

学校健康教育课程的主体是由教师和学生共同组成的，通过教师和学生积极、认真的参与，才能完成的健康教育课程，达到拟定的教育目的。健康课程是教师将实施精心准备的教学内容，以最适合学生的方式传授给学生的一系列的教学活动的过程。其中，教师起到主导、规范、督促的作用，而学生是教学的主体，承担着完成健康课程的主要义务，也是评价健康课程教学效果的最重要的因素。

（二）教学内容

教学内容是构成健康教育课程的另一重要部分，决定着健康课程的质量，以及执行的顺利与否。教学内容的选择和设计应该遵循两个基本依据，一个是国家的教育方针，另一个是学生的实际情况。国家的教育方针决定了健康教育课程内容的基本方向，而学生的实际情况则决定了教学内容的深度和广度。总之，教学内容是构成健康教育课程的基石，是保障学校健康教育课程顺利开展的基本前提。

（三）教学手段

健康教育课程的实施，需要大量的、相适宜的教学手段来完成。现代社会，随着科学技术的不断发展，学校的教学手段也随之不断更新。比如从原来的书本发展到电脑计算机，从黑板、粉笔发展为电子屏幕和PPT，由最初的实体教室，发展为多媒体教室、网络课堂以及直播课堂等。学校的健康教育课程可根据实际情况，选择最适宜的教学手段进行教学，以满足学生日益发展的学习需要、成长需要以及接受新事物的需要。

三、学校健康教育课程的教学目标

学校的健康教育课程与青少年的身心发展密切相关，是以促进我国大中小学生的健康、全面发展的基本目标为前提，以满足学生获得更好、更长远的发展而开展的教学活动。课程的具体教学目标分为以下七个方面：

（一）增加青少年的健康知识

十年树木，百年树人，对人才的培养就要从基础抓起。健康是一个人最基本的权利，也是人生发展的首要前提。因此，学校健康教育的基本目标之一，就是提高青少年的健康知识，帮助他们养成健康的生活习惯，这将会使他们终身受益。

健康教育课程不仅是对理论知识的传播，而且还包括宣传健康知识方法、技能，是对学生的全面教育，从而提高学生健康的文化素养。健康文化素养指的是促进学生养成良好的健康意识和生活习惯，丰富他们的营养、保健知识，能够自觉进行健康管理，预防疾病。这是保证我国青少年群体体质健康的最基本的前提。

总之，青少年正是长身体的时候，也是养成生活习惯的时期，如果能在这段时间对他们的健康意识和卫生习惯做到良好的规范，那么将直接影响我国未来国民的健康水平，这也是提升国家实力的根基。

（二）促进青少年的身体发育

我国近几十年来的快速发展，使国民生活水平也跟着快速提高。尤其是改革开放后出生和成长起来的年轻人，他们生活在物质条件充裕的环境下，特别是随着国家实现小康以及整体脱贫目标的实现，我国国民不仅解决了温饱问题，而且生活条件也在不断提升。然而与此相对的是，我国青少年群体的体质健康却并没有得到显著的提升，反而出现了许多亚健康问题，比如肥胖、近视眼、弱视、沙眼、龋齿、神经衰弱、脊柱侧弯，以及许多代谢类疾病过早地出现在青少年群体中，这些都与饮食和生活习惯密切相关。

随着学习、工作的激烈竞争，以及生活压力的日渐提升，这些都成为危害健康的重要因素。在应试教育背景下，青少年艰难应对各种考试，有上不完的课外班，做不完的作业。长期下来这种生活方式严重影响了青少年的正常生活。面对如此境况，国家强调了对青少年学生的健康教育，目的就是促进青少年的正常发育和成才。不仅传播健康知识，还要鼓励青少年多运动，注意养成良好的生活习惯和卫生意识。比如，在日常生活中，青少年要有运动意识、营养意识、作息规律的意识等，这些都是决定青少年体质健康水平的重要因素。

青少年时期，是身体发育的黄金阶段，如果这时候能够促进他们在意识层面和行为层面同时养成健康的文化素养和生活习惯，比如能自觉掌握营养搭配，做到不挑食、不贪食、不吃或尽量少吃垃圾食品等，同时定期坚持运动，培养一项或多项运动爱好，做到作息规律，不染恶习，这些都是健康教育的内容，是促进青少年健康成长的重要因素。

（三）促进青少年的心理健康

健康包括身体健康和心理健康，身体健康和心理健康又是彼此促进和相互影响的。青少年阶段不仅在身体上会经历非常显著的变化，在心理层面，他们同样面临着激烈的冲击，因此，在这一关键时期，学校和家长都应该密切关注青少年的心理健康情况。

从发展心理学的观点出发，个体心理的发展具有明显的阶段性特征，即每个阶段有每个阶段的发展重点。青少年时期是人格养成的重要阶段，而人格一旦形成就基本稳定不变了。并且，人格的健康与否将直接影响其一生在各个方面的发展。因此，如何强调青少年心理健康的重要性都不为过。

根据青少年不同年龄阶段的心理水平，有针对性地进行心理卫生教育，培养青少年学生具有良好的心理状态，从而促进他们全面、健康的发展。

（四）培养青少年的自我保健能力

健康教育的另一目标是培养学生的自我保健能力，因为健康是动态发展的，不是恒定不变的，想要获得健康就需要日常的用心维护。因此，保障青少年具有健康的体质和心理水平，其实最重要的是让他们掌握必要的自我保健能力，即不仅拥有相关的知识，还要掌握一定的实操技能，这样才能保证他们在漫长的人生发展中，能始终保持较为理想的健康水平。

（五）降低青少年的多发病率

健康教育的工作是多方面的，除引导学生掌握健康卫生知识、养成良好生活习惯以及具备一定的自我保健能力外，还有一项重要的内容是兼顾降低多发病的患病率。通过一些有效的措施，来避免和降低学生的患病率。比如一些急性传染病，运动伤害，以及因不良饮食和生活习惯造成的贫血、肥胖、抑郁等身体和心理的疾病。

只要加强对学生进行健康教育，日常注意对其行为的引导，比如注重个人卫生，勤洗手，每日洗澡并换洗贴身衣服，饮食上保持科学的膳食搭配，能够规律地锻炼身体，积极对待自己的情绪，遇到问题及时向老师、家长或专业心理医生寻求帮助等，只要青少年能做到以上几点，那么就能够保持一定的健康水平。对疾病能具有较好的免疫能力，即使遇到重大的生活事件，也具有一定的应对能力。

加强对青少年的健康教育和管理，尤其是在防疫疾病方面，应主要以预防为第一原则，认真做好常见病的防治工作，定期接种疫苗，定期进行体检，从而降低青少年被一些常见病所侵害，促进其身体的正常生长和发育，不断增强体质，提高学习效率。

（六）发展青少年的综合智能

学校健康教育是一门综合学科，涉及多个相关门类的知识和技能，因此，学校在健康教育课程的教学目标中，还包含拓宽学生视野、发掘学生潜力的目的。未来社会竞争愈加激烈，因此除专业定向知识外，还应努力培养学生具备一定的软技能，即提高其综合智能水平。一个具有较高综合智能的人，当在未来工作中需要学习新的知识和技能时，就会显现其优势。因此学校教育期间，通过健康课程等学科的教学能够很好地提高学生的综合素养和综合智能，为将来进入社会做好准备。

（七）促进青少年完整人格的形成

一个人的人生高度和生活幸福感，与其人格的发展情况具有直接的关系。从心理学的角度看，如果在早年未能形成良好、健全的人格，那么在后来的人生发展中，会面临较多的阻碍。并且人格一旦形成就会非常稳定，难以改变。因此，在学校教育中，通过健康教育课程应重点促进学生健全人格的形成，为他们今后的人生发展奠定扎实的基础。

第三节　青少年心理健康教育

青少年阶段是人生中非常特殊的一个时期，无论身体还是心理会经历一系列的显著变化，尤其是青春期阶段，他们的心理发展是从幼年向成年转变的重要时期，在内心层面会经历十分复杂和激荡的发展。因此对青少年群体的心理健康教育是学校健康教育的重点。

一、青少年的自我意识教育

（一）自我意识的内涵

在进入青春期前后，青少年的自我意识逐渐凸显。他们不再像从前那样对教师和家长具有较高的依从性，转而开始强调自我的意愿，希望突出个性，比较明显的例子是他们开始喜欢追求一些新奇的事物，喜欢彰显自己与众不同的地方，这就是自我意识开始启蒙的迹象。

此时，学校的健康教育应该根据青少年的这一发展特性，对他们的心理动态加强关注，选择合适的教学内容，对其自我意识的发展进行正向引导，鼓励他们积极发展自我，以及对身边的人、事、物逐渐发展出健康、辩证的认知理念，鼓励学生与同学、教师和周边世界发展有益的关系。

根据研究分析，发现学生的自我意识发展主要呈现出以下四个趋势：

1. 自我意识的觉醒

青少年自我意识的觉醒表现为对生理自我、心理自我以及社会自我开始有了模糊的区分，并逐渐形成更为深刻的理解和认识。他们在许多方面开始突出自我、彰显个性，教师应因势利导，帮助学生正确地认识自我，并寻找和发展自我价值，增强自信，为未来的健康发展奠定基础。

2. 自我体验日益丰富

在从幼儿阶段向少年、青年的成长过程中，除自我意识的觉醒外，学生的自我体验也在逐渐加强和日益丰富。比如，学生对生活和学习过程中遇到的事件会有自己的思考和感受，面对考试的一次成功，或者比赛的一次失利，他们会产生多种情感体验。并且，这些体验常常是多变的，旧的体验很快会被新的体验取代，在这样的过程中，青少年开始逐渐地对自己和身边的世界有了更为全面和丰富的认识。这是他们心智成长的重要过程，整个发展过程的特点表现为从点到面、由表及里的趋势。

3. 适应性和耐受性逐渐增强

青少年阶段是人生快速成长时期，这里的成长不仅是指生理方面的快速变化，同时还包括心理方面的发展。随着社会的不断进步，对人才的需要也越来越高，因为未来的竞争也会越来越激烈，青少年步入社会之后将不可避免地面临许多挑战、挫折和困难。因此在学校的教育阶段，就应帮助学生做好身心的准备，以备未来能够在各种挑战中坚韧前行。

学校健康教育是对学生全面成长的教育，通过恰当的教学，提高学生的适应性和耐受性，增强学生的韧性，这些有助于学生自我意识的提升，并对他们日后的发展带来长远的影响。

4. 独立性倾向越来越明显

在青少年的成长过程中，随着学生生理和心理的不断发展，他们逐渐形成属于自己的一套认识和理解周围事物的方法和经验，伴随而来的，是他们的独立性越来越明显。青少年开始有离开家长和教师独立活动的需要，需要更多的私密空间，比如，他们开始有隐私，不让父母随意进自己的房间，翻看自己的私人物品，这些都是独立性的显现。

独立性是自我意识发展的重要体现，这是青少年开始发展能力的重要阶段。他们的知识逐渐积累，生活经验也在不断加强，并且随着这些知识和能力的提升，他们开始对外面世界的探索欲望越来强，喜欢新奇的事物，彰显个性，强调自己的与众不同，这些都是发展独立性的必经阶段。

（二）自我意识的培养

对人才的培养其实首先应该从对其自我意识的培养开始，未来人才需要较强的综合能力、学习能力以及自我驱动能力，这些都需要从发展和健全自我意识开始。因为这是培养人才的基本前提，也是保障人才持续稳定成长的一个重要条件。青少年阶段，是在各个方面为未来人生打基础的时期，而自我意识的形成是一切发展的前提。当青少年逐渐具有较为完善的自我意识的时候，就会形成较好的自我发展、自我监督、自我探索和自我驱动的发展模式。

在学校健康教育活动中，应尤其关注学生的自我意识是否朝着积极的方向发展。具体的可从以下三个方面进行：

1. 客观地认识自我

青少年的发展，会经历几个重要的阶段，但是在每个阶段都伴随着对自我的新的认识。随着对自我认识的不断深入，也在促进自我的进一步发展，于是形成良好的正相循环。学校健康教育的工作，就是要帮助学生形成客观的认识自我的方式，既要大胆承认自己的过人之处，又要真切面对自身的不足，从而有助于帮助学生有针对性地完善自己。

具体来说，学生建立客观的自我认识需要从多个角度进行。

（1）通过与他人的交往认识自我。

青少年在成长的初期阶段，主要是从与他人的互动中，由他人直接或间接地反馈而逐渐构建出自我的概念。因此，建立广泛而良好的人际关系，对青少年的自我意识的形成具有重要的促进作用。比如，通过与他人的交往，通过在学习、生活等各个场景中的有效互动，青少年在观察和体会他人对自己的评价、反馈与沟通中，逐渐加深了对自己的认识。

（2）通过丰富的社会活动了解自我。

人类是社会性动物，青少年迟早要进入社会，并且在各种集体生活中发展自我、认识自我，通过社会生产活动创造价值、实现自我。在学校期间，青少年应该在家长和教师的指导下，在学校的安排和组织下，积极参加各种社会实践活动，扩大他们的见识，增加阅历，这些都是帮助他们形成完善的世界观和人生观的有利条件，也是让青少年早日成长、发展自我、了解自我的必经之路。

从另一个角度看，青少年的人格成长需要建立在社会实践活动的背景下进行，在真实的生活实践中，青少年用心感悟，认真对待生活和学习中的每个人、每件事，进而才能展示真实的自我。

（3）学会正确的自我评价与自我反思。

人的成长不是一蹴而就的，需要经过思考、尝试、总结、反思、修正、再次尝试等循环往复的过程而逐渐实现。青少年自我意识的培养，其中一个非常重要的途径就是学会正确的自我评价和自我反思，在客观、理性的前提下，对自我的行为、思想进行总结、评价和反思，进而对先前的不足进行修正、完善。就是在这样的自我评价和自我反思中，青少年慢慢地成长和成熟。并且，学会正确的自我评价和自我反思，将终身受益。因为人的一生就是不断学习和进步的过程。没有合理的自我评价和自我反思，人就会故步自封，难以实现自我完善。因而，学校的健康教育应鼓励学生学会自我评价，对以往的成功或失败做出理性的总结，并从中建立起正确的自我意识。

2. 有效地控制自我

随着年龄的不断增长，心智的逐步成熟，青少年对自我的认识也越来越清晰和明确。同时，在控制自我方面也得到了很好的发展，即他们能够根据独立思考和判断，并主动对自我进行定向的训练和发展，从而获得持续的成长。

3. 接纳真实的自我

应该说世界上每个人都有其优点和缺点，没有人是完美的，在学校的健康教育中，教师应尽早帮助学生明确这一点，并引导学生在努力寻求发展的同时，也要学会接纳真实的自己。坦然面对自身的长处和短处，相信自己具有独特的价值，同时也有需要完善的地方，这是每个人的真实状况，因此应该接纳不完美的自己，并立足自身，积极地自我完善、自我超越，做到自爱、自尊、自信。这是学校健康教育中，对青少年人格和自我意识培养的重点内容。

二、青少年的人格教育

（一）人格的内涵

现代社会中，"人格"实际上是一个心理学的概念，它是指一个人内在稳定的思维和行为的特征。人格是一个综合的概念，包含着多种内涵，如人的气质、性格、能力、需要、兴趣、动机、理想、价值观等。一个人的人格从出生后受到养育者的养育方式的影响，可以说从出生后就开始形成。比如，当婴儿的主要养育者是一个包容的、健康的，能够给予婴儿恰当照顾的人，那么婴儿的人格成长相对就会比较健康；假如养育者对婴儿没有足够的关爱和关注，甚至自身人格还存在诸多的缺陷，难以承担起养育者的基本责任，那么在这样环境下成长起来的婴儿很可能其人格发展就会遇到很多挑战，会出现许多问题。那么当他们进入青少年阶段时，相对于那些人格发育较好的同龄人就会表现出这样或者那样的问题。这时候，学校的健康教育就要承担起更多的教育工作，给他们创造一个较好的学习成长环境，促进其人格的发展。

美国心理学家埃里克森将个体从出生到死亡的人格发展过程划分为八个阶段，每个阶段都会表现出不同的特征，如表2-1所示。

表2-1 人格的发展阶段及其主要特征

阶段	年龄	主要特征
萌芽期	产前期受孕到出生	身体的发展
婴儿期	出生到18个月	动作技巧，基本语言，社会依附关系
儿童前期	18个月~6岁	语言建立，性别认同，团体游戏，准备上学
儿童后期	6~13岁	认知发展，动作技能与社会技能发展
重建期青年期	13~20岁	这是人格突变、重建和产生新质的时期，人的生理和心理都处于显著变化的时期。人的高层次认知发展，人格逐渐独立，两性关系分化
成熟期成年早期	20~45岁	职业与家庭的发展
中年期	45~65岁	事业发展高峰，对自我重新评价，退休
老年期	65岁到死亡	享受家庭生活，依赖，失去配偶，健康不良

（二）健全人格的特点

讲到人格的培养，首先要对健全人格进行解析。在学校教育阶段，一般认为学生的健全人格主要包含以下六个指标：

（1）具有良好的社会适应能力；

（2）具有乐观向上的人生态度；

（3）具有和谐的人际关系；

（4）具有正确的自我意识；

（5）具有良好的情绪调控能力；

（6）能够充分发挥自己的潜能和聪明才智。

（三）健全人格的培养

人格的培养是系统的、长期的、复杂的工作，需要学校、家庭、社会的共同努力。青少年学生的人格培养问题，是一项十分复杂的工作，重点需要从以下九个方面展开：

1. 树立积极进取的人生观

在学校教育阶段，对学生健全人格的培养常常从确立人生观开始。一个人的人格架构实际上也是人生观的塑造，当青少年学生从完全地依赖父母到逐渐走出家庭，尝试学习独立思考，自主支配自己的意愿、行为、理想和信念时，就是其人生观发展形成的过程，而这一切需要有一个较为明确的内在动力。积极进取的人生是指导青少年发展自我意识和各种能力的指导，这种人生观的形成也是人格的形成。一般来说，一个人的人格一旦形成将是十分稳定的、持久的，难以改变的。在学校健康教育阶段，学校和家庭应做好配合，努力帮助学生塑造积极进取人生观，充分体验健康的情感情操，为未来的发展奠定稳健的价值基础。

2. 塑造乐观坚强的性格气质

青少年具有健全健康的人格应该体现为具有较强的适应性、灵活性，以及经常保持积极乐观、坚强勇敢的性格品质。尤其是在面对挑战和逆境时，表现出具有一定的韧性，对自己有信心，即认为通过努力能够一定程度地改变现状，即使失败了，也会获得宝贵的经验用于指导以后的学习和挑战。

3. 接纳自己和他人

健全的人格还表现为对自己、对他人以及对身边的世界持有开放包容的态度，特别是能够接纳自己、他人和世界的不足。因为人无完人，世界也绝非完美，如果学生能够早日持有这样的态度和观点，对他人和自己都能报以包容、客观的心态，那么意味着他们的人格基础是较为健全的，在日后也更容易获得持久的、稳健的发展。

4. 不断优化知识结构

健全的人格还包括既对自己抱有信心，同时也能坦然面对自身的不足，因为努力地提升自己。比如构建自己的知识体系，优化知识结构，并能够持之以恒、践行终身。

当然，对于大多数青少年而言，他们还不具备这样的认识能力，还没有全局观，这就需要教师和家长的耐心引导，创造优越的学习条件，促进其潜力的挖掘。既要涉猎广泛，开拓知识视野，同时又要有所专注，对最有兴趣的一两门学科持续地精进，从而建立起广泛且扎实的知识体系。

5. 培养良好的习惯

健全的人格是对人的心理层面发展水平的描述，一个人的人格水平可以外化到行为举止上，同样地，人的行为举止也会影响人格的发展。在青少年阶段，学校应重视对学生良好学习习惯和生活习惯的培养。因为良好的习惯是一个人无形的财富，它会让人受益终身。比如健康的饮食习惯、规律的锻炼习惯、有效的学习习惯，以及发展和维系良好人际关系的习惯等，如果青少年在学校期间就能培养出以上这些良好的习惯，那么这些习惯会帮助青少年构建一种较为健康的生活状态，这对促进学生的全面成长具有不可忽视的作用。

6. 发展长期的兴趣爱好

具有长期的、深入的兴趣爱好会对青少年人格的完善具有积极影响。因为兴趣的发掘和养成过程，也是学生探索自我、发展自我的过程。通过兴趣的引导，学生的热情与潜能被持续地激发，学生不断地拓展自己的知识和能力，因此，这是一个非常重要的发展潜能、完善人格的过程。

在这一过程中，学校和家庭应注意做好引导、支持和督促的作用。因为对于青少年来说，他们对很多事情都具有很强的好奇心，这就意味着，当他们在一项兴趣爱好上遇到瓶颈时，可能就会将注意力转向其他方面，从而半途而废。但是这却是宝贵的发展人格的机会，即通过面对挑战、克服困难而不断地发展自我，健全人格。

7. 培养青少年的创造力

创造力是一项非常重要的能力，它不仅是未来人才的基本素质，是保持在竞争中不败的核心能力。同时，创造力也是人格独立和完整的体现。因为，一个人具有创造力的前提是具有独立的人格。只有人格是独立的、自由的，没有恐惧和压抑的时候，它的创造力会自然地流出。培养青少年的创造力可以从鼓励他们从自己的事情自己做，遇到困难勇敢地接受并想办法战胜困难等。

8. 培养青少年建立人际关系的能力

人的一生是在各种关系中度过的，建立良好的合作关系、亲密关系、社会关系将决定一个人的生活质量以及事业的发展高度。因此，在学校健康教育阶段，应培养青少年学会如何建立和谐的、信任的、支持的、友爱的人际关系。

（1）能够与他人建立友好互助的和谐人际关系。中国人追求君子和而不同的相处之道，应鼓励青少年学生发展自我的同时，也能与和自己不同的人也能融洽地合作与共处。

（2）能够充分地融入集体或者团队，并在其中发挥积极的作用。

（3）为团队成员自我价值的实现提供便利的条件。

9. 选择良好的榜样

榜样或者偶像对于青少年的成长发挥着不可替代的作用。青少年时期，他们对理论的学习和掌握能力还比较有限，但是对形象化信息的捕捉能力较强。因此，应促进学生选择健康的、对其成长有正面引导作用的榜样和偶像，将起到事半功倍的效果。在学校教育中，学校相关部门和教师要重视榜样在学生人格塑造中的作用。这些榜样可以是影视作品中的励志人物，也可以是身边的家人、老师、邻居等。总之，一个具有影响力的榜样能够成为青少年心目中模仿的对象，对他们规范言行、勇于追求理想具有强大的感召作用。

第四节　青少年健康行为指导

对青少年行为的规范和指导，是学校健康教学中的内容之一。而良好行为的养成具有多方面的影响因素，本节将就此展开分析。

一、行为的概念

行为按其意义，有狭义行为和广义行为之分。狭义的行为通常仅指可以被人观察或度量记录行为，广义的行为则包括思想、意识、动机等不易被直接观察的一切生理心理活动。一般所称的行为均指狭义的行为。

二、行为方式

就青少年学生的年龄阶段和生活场景而言，其行为方式的特点可分为以下三个方面：

（一）独立性与依赖性

进入学校开始，幼儿逐渐成长为少年、青年，他们离开家庭，不再事无巨细地由父母或者抚养者照顾，开始进入集体生活，这是他们发展独立性的开始。在学校里，学生需要自己承担起学习和人际交往的责任，当然，这时候他们依然对教师和同学具有一定的依赖性，还不具备完全独立的能力，因此，该阶段是独立与依赖并存的。

这一阶段青少年的大多数行为，都是在教师和家长的指导下进行的，他们被赋予了一定的自主权，可以选择用自己喜欢的兴趣爱好，参加不同的课外活动，选择和兴趣相投的同学建立友谊关系。虽然不再时时刻刻缠在父母身边，但是他们依然依赖同学、伙伴这样的次级亲密关系。尽管青少年开始在行为上表现为喜欢标新立异，但是同时又对同伴具有一定的依从性，喜欢结伴而行，害怕被孤立。

总之，此时的青少年比较容易受他人影响，因此教师和家长应注意引导他们结交品质优良、善良有上进心的朋友，建立积极正向的伙伴关系。

（二）情绪转变快且不稳定

青少年行为的另一个特点是他们的性情转变很快，能为一件小小的礼物就开心得欢天喜地，也可能因为一次测验失利而伤心地大哭。青少年的情绪容易受到外界的影响，而且波动很大。

青少年的这一行为特点，其实反映了他们对情绪的控制能力还有所不足，很容易在情绪激动时做出过激的行为，尤其是十几岁的男生，所谓的爱打架其实就是因为一时控制不住情绪而采取的暴力行为，事后又后悔不已。因此学校要善于对青少年进行正确引导，针对他们的这一特点，指导其在情绪激动时保持理智和克制，比如可进行深呼吸来平复心情，待恢复一定的理智后再处理争执。

（三）易绝对化且趋众

青少年的认知能力和辨别能力都还在发展过程中，缺乏全面客观认识事物的能力，常常表现得好恶分明，容易绝对化和理想化。比如，他们对喜欢的人进行偶像化、光环化，而且不容别人的否定。同时，青少年还常常在不知不觉地趋于集体爱好，喜欢和好朋友或者同学保持一致，喜欢参加集体活动，喜欢联结小团队等。

比如在青少年群体中常常会出现"一窝蜂""赶时髦"等现象。比如热衷于某款网红运动鞋、一种热门的服饰款式等，都是他们趋众的体现。

三、影响青少年行为方式的因素

人的行为是由意识主导的，在指导青少年行为规范之前，首先需要明确行为会受到哪些因素的影响，通过控制这些因素，可以有效地对学生的良好行为进行引导和规范。同时，也更有助于教授学生进行自我行为管理时有所依据。

（一）生理因素

生理因素对人的行为具有决定性的影响。青少年每日的生活、学习、锻炼以及参加的一切活动，都与其生理条件、生理水平有着密切的关系。生理因素对人的行为同时具有促进和约束作用。比如学生的身高、体重，神经系统的发育水平，激素的分泌情况以及生物节律等，都是影响其行为的内在因素。

1. 行为的遗传性

生物因素对行为影响的首要因素来自生物遗传学、分子遗传学、行为遗传学等遗传学的研究。这些研究在不同层面、不同角度都证明了遗传与人的行为密切相关。比如，染色体异常、染色体数目减少或增多、染色体异位、染色体断裂、基因异位等的发生，在人的行为上会导致疾病、弱智甚至某些犯罪活动。科学家发现，人体染色体上分布着众多的基因，其中每个基因可能对应着某种特定的行为。当然，更多的时候人的行为可能受多个基因的支配。从常识的角度，我们在生活中也不难发现，有些长寿家族、心血管疾病家族、精神病家族等都说明了遗传对人的健康的影响，同时也衍生出对人的性格、兴趣和爱好、生活习惯等的影响。因此，行为的遗传性在遗传研究方面和社会现象方面都得到一定的证实。

2. 神经系统的整合作用

人的行为还是神经系统整合的结果，在神经系统的统领下，人们通过思维、语言以及行动来实现意识或潜意识层面的意图。这是人们有清晰感知、集中注意和保持记忆的必要条件。与此相关的机体组织包括脑干、海马、颞叶、皮质下神经核以及部分基底神经节、中脑顶盖部内侧部分等组成。其中每一个组织的发育异常或者病变，都会直接反映在人的思维和行为上。比如，如果人的脑干受损，其感觉系统和运动功能将明显受阻。

3. 行为的神经化学基础

人的一切行为还会受到机体内神经化学物质和神经内分泌激素的调节有关。研究发现，神经递质、肽类激素、酶、维生素和电解质等都对人的行为产生不同程度的影响作用。

（二）心理因素

人的行为是心理活动的外在表现，无论是意识层面还是潜意识层面，行为除受到生理因素的影响外，最主要的还是受心理活动的影响。大体上，我们可以分为以下三种情况。

1. 需要

人本主义心理学家马斯洛将人的需要分为 5 个层次，分别是生理需要、安全需要、社交需要、尊重需要和自我实现的需要。可见，人的一生都无法逾越这些人类共有的也是基本的生存需要。为了实现这些需要，人们会作出各种各样的行为，或者说这些需要指导着人们的行为，最终构成了人类社会发展的基本形态。

学生青少年的需要包括生理需要、安全需要、学习需要和成长需要等，为了满足这些需要，学生们需要努力学习，完成学业，同时与同学、教师建立良好的人际关系，这也是他们日后发展社会关系的基础。在实现这些需要的过程中，青少年获得新的体验和知识，不断获得成长。

2. 动机

动机是直接推动人产生行为活动的内部动力，是人的内在愿望的表达。当人的目标实现，一个需要得到满足，会产生一定的正向情绪。但是人的需要是没有止境的，一个需要满足了，新的需要又会产生，人们就这样在一个接着一个的需要的推动下，实现目标，获得成长。

3. 情感

情感是人对各种客观事物或自身经历在情绪上的一种反应。人的情感又可分为积极的、消极的；强烈的、微妙的；短暂的、持久的等。不同的情绪会激发人选择不同的行为。比如，积极正向的情绪会激发积极的行为，悲观消极的情绪会激发消极的行为。因此，学校在健康教学中，要特别关注对学生的情绪的管理和引导。帮助学生学会识别情绪、管理情绪，以及在遇到一些应激事件时，能够进行自我调节，避免在冲动情绪下做出不良后果的事情。

（三）环境因素

人是环境的动物，在不同的环境中生活，会产生不同的思维、情感和行为模式，而这些最终又会反过来影响人的思维、情感和行为。因此，学校应努力营造健康、舒适，对学生产生正向影响的良好教学环境，从而对学生的思想情操以及言行举止产生深远的积极影响。

1. 自然环境

学校里的自然环境主要是指校园环境，包括教学楼、体育场馆、图书馆、校舍、食堂等建筑物，还有操场、足球场、篮球场、网球场等运动场所，以及校园内的人文建筑，绿化情况等，共同构成了校园的自然环境。校园环境是否宜人，是否给学生和教师带来幸福温馨愉快的感官体验，会对教学产生潜移默化的影响。

在秩序井然，环境宜人的校园中，学生也会自觉规范自己的言行举止，使其更为文明、得体。因此，环境对学生行为的影响是潜移默化的，也是十分有利和不容忽视的。

2. 家庭环境

学生的主要生活场景一个是学校，另一个是家庭，生活环境相对单纯。对青少年的行为进行影响也主要是通过这两个场景进行的。家庭是每个人的港湾，是来到这个世界后得以生存、获得照料的地方。甚至可以说，家庭环境对青少年的人格以及行为的塑造是绝对的，因为人格、思维模式、行为模式在早年养成后基本上很难再改变。

在青少年的成长过程中，家庭负有主要的养育责任，对他们的行为具有重要的影响。因此，青少年的家庭背景、家庭环境能在一定程度上反映出其今后的行为特点。

四、促进青少年的健康行为

(一) 积极地休息

培养青少年养成健康的行为习惯，首先需要从作息规律、积极休息和充分的睡眠开始。因为睡眠对青少年的成长至关重要，现代社会的电子产品是人们生活中的必备品，而许多青少年都喜欢刷视频、玩游戏，因此一不小心就沉迷其中，从而错过了休息的时间，导致睡眠不足，或多或少都会影响身体的发育和成长。

对于青少年而言，合理的作息包括以下 4 个方面：

(1) 对生活和学习中的每一件事保持规律性，如三餐定时、规律的睡眠和运动等。

(2) 科学安排每天的学习和生活，保持适度的休息，比如每节课之间要有 10 分钟的休息，休息日在家自主学习的时候，也不要连续学习很长时间，每小时要活动活动身体，或者去打一会儿球，或者吃点水果作为缓解疲劳的手段。

(3) 每天保证至少 8 小时的睡眠。

(4) 每天至少要有 1 小时的户外活动，比如散步、打球、跳绳、跑步或者做广播体操等。

(二) 良好的卫生习惯

学校督促和培养学生养成良好的卫生习惯将会使学生终身受益。卫生习惯包括用脑、用眼、学习环境等全面的卫生。

1. 用脑卫生

大脑是人体最重要的器官，学生阶段，他们每天的主要生活内容就是学习，因此，保护大脑的健康是非常重要的。大脑重量只占体重的 2%，但它的耗氧量却占全身耗氧总量的 20%。可见，为了保持大脑不会过于疲劳，每工作一段时间就要做一些放松活动，以保障脑组织的氧储备的恢复。保护用脑卫生可以简单概括为以下 5 个方面：

（1）保持室内的空气新鲜。

（2）在每 40~60 分钟的学习之后，安排几分钟的放松时间，或者闭目养神，或者做一些颈部、腰背的放松动作。

（3）每天进行不少于 1 小时的户外活动，或者每周不少于 5 小时的户外体育锻炼时间。

（4）睡觉时不要用被子蒙住头。

（5）文理科交叉进行学习，可以缓解用脑疲劳。

2. 用眼卫生

（1）建立良好的用眼卫生习惯。

（2）教师要合理安排作业。

（3）注意作业环境的采光照明条件。

（三）平衡的膳食

当代青少年基本上都生活在物质较为充足的生长环境中，我国的青少年基本上都能做到三餐规律，甚至很多学生都出现营养过剩的情况。因此，学校的健康教育应促进青少年掌握基本的营养知识，懂得合理搭配每天的饮食营养，少吃垃圾食物，不挑食、不贪食、不过度节食等。

第五节　青春期健康教育

一、青春期的生理机制

青少年正值青春期阶段，这是人生的一个非常特殊同时也是非常重要的阶段。青春期的发生和发展具有一定的规律，是在生理机制的推动下进行的。科学家对青春期的研究深入且广泛，目前医学上把青春期的生理控制系统简称为"下丘脑—垂体—性腺轴"。

（一）中枢神经系统对青春期的作用和影响

中枢神经系统对内分泌系统起着调节整合的作用。在童年早期，中枢神经系统对性发育具有抑制作用，因此，儿童虽然身体生长发育迅速，其各个身体组织和器官都在明显地增强和发育，唯独生殖系统的发育几乎是静止的。然而一旦进入青春期，随着下丘脑的发育成熟中枢神经系统的抑制作用逐渐减弱，青春期发育就开始启动。

（二）下丘脑—垂体—性腺轴

随着下丘脑的发育，其分泌的促性腺激素明显增高，进而刺激垂体分泌促黄体生成素和促卵泡刺激素，这些激素作用于男女性腺，使性腺分泌性激素。这些性激素作用于相应的靶器官，引起性器官及第二性征发育，体格生长也加快，青春期发育过程启动。

二、青春期形态和功能的发育

（一）青春期的形态发育

进入青春期的青少年，其身体形态的变化是非常显著的。除身高、体重等体形的发育，在性激素的刺激下，男生开始变声，喉结开始越来越明显，女生的第二性明显开始发育。

1. 身高

身高是反映人体形态的基本指标，也是衡量青少年生长发育快慢的首要指标。进入青春期后，青少年的身高会在某一段时间快速增长，男孩每年可增长 7~9 厘米，最多可达 10~12 厘米，整个青春期男孩身高平均可增长 28 厘米。女孩身高每年可增长 5~7 厘米，最多可达 9~10 厘米，整个青春期平均增长 25 厘米。

身高的生长顺序是足—小腿—大腿—骨盆—胸围—肩宽，最后是胸壁厚度的增加。足部最先突增，也最先停止生长，在 14~15 岁的时候基本停止生长。正是因为青少年下肢生长在前，躯干生长在后，因此表现为四肢修长，躯干短小的身体形态特点。

2. 体重

体重与身高的两个最重要的评价身体形态的指标，体重反映了青少年骨骼、肌肉、脂肪和内脏器官的生长变化情况。同时体重也是重要的衡量体质健康水平的指标。一般情况下，青少年在青春期的体重为每年增长 5~6 千克。

（二）青春期的机能发育

在身体形态发育的同时，机体的各种生理功能也开始有明显的变化，但是整体而言，生理功能的发育比身体形态的发育要落后一些。生理功能发育的顺序大致体现为生殖系统—心肺—造血—运动等。

1. 心肺机能

心肺机能主要以心率、血压、呼吸频率、肺活量为代表。心率、呼吸频率的平均值曲线随年龄增加而下降，如刚出生的婴儿每分钟心跳为 140 次，12 岁时每分钟 80 次，16 岁左右心率与成人心率接近，每分钟为 60~70 次。

2. 运动功能

青春期基本上是人一生中运动机能发展的鼎盛时期，运动机能都有明显的突增阶段，但同时也具有一定的个体差异，而且男孩的运动机能指标往往要大于同龄女孩的指标，且随着年龄的增长差距越来越大，最后形成成年男女之间运动能力的显著差别。

三、青春期性教育

青春期性教育是针对处于青春期的青少年进行的性生理、性心理、性道德、性别角色及相关教育，即对处于青春期青少年进行的人生教育。其核心是针对青春期这一特殊时期而进行的符合青春期特点的性教育。青春期性教育不能理解为青春期的全部教育，也不能理解为青春期进行的德育，因为它的核心是性道德教育，只是德育的一部分；同样也不能理解为单纯的性生理知识和性心理知识的教育。

根据性教育的目的，性教育应该包括性生理、性心理、性道德和性安全等方面的内容。性生理是指围绕个体性发育及卫生保健方面的基本内容。例如，男性青春期的问题，男性特有的皮肤、毛发问题，女性月经期生理知识和经期的卫生保健等。性心理是围绕着性发育、性欲、性冲动和性行为而展开的思维和想象，包括性情感、性意识、性知识、性经验、性责任和性观念6个同时存在、互相影响的因素。

性心理教育除最基本的性心理知识的教育外，还包括青春期性心理的变化、青春期心理—精神疾病的防治、心理交流和沟通技能等的教育。性道德是人们发生性生活时应该遵守的准则，是制约人类行为、调节人们性关系的行为准则的综合。其内容包括培养理智感、责任感和义务感；让学生认识到爱是奉献而不是占有；把真实的自我坦露给对方，以真诚的态度接受对方；稳妥行事，以道德理智约束自身；有爱的权利，也有被爱的权利，责任的辩证统一等。

性安全是避免性变态行为、防止性骚扰等，如预防性骚扰、性暴力等。

在我国开展青春期性教育的方法多种多样，如课堂教学法、读书指导法、感情升华法、主题班会法、心理咨询法、案例探讨法、关键故事法、集思广益法、小组讨论法和辩论法，以及观看青春期教育录像、参加青春期知识竞赛和图片展览等方法。例如，采用感情升华法，主要是教育学生重视学习，把主要精力用在各门功课上；号召学生积极参加各种学科小组活动，培养他们从小就对某一门学科产生浓厚的兴趣；鼓励学生积极投身各种文体活动，从小就对音乐、美术、书法、诗歌、戏剧、舞蹈、球类、田径和武术等其中一门或两门学科产生强烈的爱好，不断丰富精神生活，美化感情情操，开阔胸怀；组织学生春游、秋游、划船、爬山，举办各种文艺晚会、对抗比赛等，在活动中激发学生的进取心，净化学生心灵。

第六节　青少年安全教育

一、青少年校园存在的安全问题

通常意义上，狭义的青少年校园安全问题指的是校园内青少年的人身安全问题或暴力霸凌等威胁到青少年身心健康发展的不法行径。但是随着社会及科技的发展，青少年校园安全问题不仅限于传统意义上的"人身安全"，保护青少年身心和生命健康发展、预防校园安全事故发生、全力营造安全和谐的校园环境成为新时期校园安全管理者的工作重点。同时，校园安全问题又随着众多因素的变化而变化，呈现出一个动态的演化过程。不仅是在校内，青少年校外安全教育同样重要，在社会和自然等环境因素的影响下，新形式的校园安全问题不断涌现，新的教育教学内容和方式也随即产生。[①]

（一）网络安全的防范盲区

近年来，我国互联网技术飞速发展，网络科技的应用已经深入到人们生活的方方面面，但是网络时代的到来对青少年产生的负面影响不容小觑，也对校园网络安全管理提出了更高的要求。诸如网络暴力、网络欺凌、网络诈骗、网络游戏以及网络人格侵害等网络安全问题也从线下转移到了线上、从现实步入虚拟，再加上没有相应的措施和政策予以解决和教育，从而为校园网络安全的防范和治理带来了巨大困难。

---

① 纪恩桂. 青少年校园安全教育教学模式的创新性研究 [J]. 现代青年，2023（1）：46-49.

（二）病毒传播的潜在危害

病毒传染来源于自然环境的变化，校园作为青少年学习生活时间最长、人口密度最大的重要场所，任何一种病毒的传播都会对青少年的生命健康造成危害。病毒与网络安全问题类似，我们无法用肉眼观测到它的形状和数量，更无法意识到安全问题的严重性。

因此，在面对复杂多样的青少年校园安全问题上，校方要与时俱进，及时更新校园安全教育内容和教育方式。在把控好校园传统安全问题的前提下，严密防范非传统安全问题给青少年带来的威胁和危害。校园是对青少年进行系统化、常态化安全教育的主要阵地，应根据青少年的身心发展规律和阶段特点，进行有针对性的安全教育。不仅要归纳宏观和微观两个层面上存在的安全问题作为教育的主要内容，而且还要创新教学手段和方式，使教育内容和教学方式高度融合，从而提升教育教学实际效果。

二、青少年校园安全教育的现状

（一）教育教学方式方法单一

最常见的校园安全教育形式有网络课堂、主题班会、专题讲座、召开扩大会议等，但通过这些途径进行的校园安全教育是否提升了青少年的风险识别和防控能力有待商榷，因为索然无味的口头说教和隐蔽呆板的软文宣传往往会引起青少年的反感和逃避。大多数校园并不能有效地利用这几种教育途径，更多的是为了上传下达，完成任务、流于形式，实际上并没有促使青少年对正视安全问题产生的积极影响。

（二）主题内容更新速度迟缓

校园安全教育的主题和内容在关键时刻能够帮助青少年快速识别和规避风险，随着宏观和微观层面诸多因素的急剧变化，复杂多变成为新时期校园安全问题的主要特征之一，隐蔽性、跨区域性、时间非线性、信息不对称性等特性成为构成校园安全问题复杂多变这一特征的基本要素。但从实际情况来看，绝大多数校园开展的安全教育主题和内容依然还是传统的基本安全问题，主动发现和防范突发安全问题的意识薄弱，更新安全教育内容的速度迟缓，往往是安全事件发生以后校方才对存在的安全隐患重视，然后被动地开展安全教育。

（三）效果评价机制陷入误区

在校园安全教育效果评价机制方面，有的校园偏重对教育知识的考查，各式各样冷门的知识虽然在校园安全教育过程中没有得以贯彻普及，却在考核中频频出现。有的校园只注重安全管理，却不注重对青少年的安全知识教育，导致他们缺乏自我保护意识和风险防范能力，这种本末倒置的操作方式是致使校园安全事件频发的罪魁祸首。因此，校方的这些做法容易使青少年安全教育陷入"堵截多、引导少，灌输多、启发少，训练多、体验少"的死胡同。

三、青少年校园安全的教学模式

青少年校园安全教育教学模式的创新对于完善校园安全教育制度体系和提高校园安全教育教学质量均具有重要的理论价值，对预防和干预安全问题的突发、提升青少年防范安全风险的能力和安全素养培育具有十分重要的实践意义。本小节通过将校园安全教育和探究式教学方法相融合，尝试分析校园安全教育探究式教学的实践框架和运作模式。

青少年校园安全教育探究式教学可以概括为包含设计与规划、分析与总结、交流与展示、评估与反思"四位一体"的闭环教学方法。在该模式下，从青少年的视角出发，能够让青少年对某一个与校园或自身相关的、实际的、复杂多变的危险因素进行深入持续的探索，培育青少年创造性解决问题的能力，教会他们在面对安全问题时如何科学地思考和正确地应对，能够在特定情境中进行迁移的学习方式。从教育者的视角出发，教育者通过确定校园安全教育的核心内容或预测到的未来可能发生的安全问题，在明确认知策略及学习实践后，采取全程指导和成果评估的形式达到引导、激励、教育青少年的目标，从而促进青少年对校园内外安全问题防范和应对知识的深度学习，提升青少年安全意识。

（一）设计与规划

高质量的校园安全教育是通过有效的教学模式来实现的，教学前精心设计与规划的意义在于提出与青少年密切相关的安全问题、创设真实的情境、激发高涨的热情，并且能给予青少年真实的体验感和主动权。教学内容可以是假定的对象，也可以是发生过的真实事件，教师通过向学生介绍事例的基本情况、设计和规划学习后所要达到的目标和效果以及学习的大致范围和方向。此外，可将学生分成若干个小组，明确各组的探究任务，确定探究的步骤和程序，激发学生的参与热情。

（二）分析与总结

经过周密的设计与规划进入正式实施的分析与总结阶段，该阶段要求教师与学生共同参与，学生围绕安全事例的核心通过开展资料收集、主题讨论、推理演化、归纳总结等线上线下相结合的方式进行主动探索。教师则可以通过布置课内问题和课后作业的方式对学生进行路径指引和技术干预，帮助他们将复杂的安全问题拆解成容易理解的若干个简单问题，然后再加以整理和归纳，防止学生因难以完成任务而产生焦虑和逃避情绪。此外，在该阶段进行之前，教师也可以为学生提供必要的参考素材和情景化资料，如相关法律条文、政策法规、评估量表、任务明细等，为学生后续深入探究提供便利条件。

（三）交流与展示

在校园安全教育教学过程中，交流与展示环节是检验教师是否达到预期目标、学生是否取得实践成果的重要环节。通过对安全事例的分析与总结，教师对各小组或个人的表现逐一点评，对探究过程中出现的相关问题予以梳理和引导，学生将小组或自己的探究结果以海报、手抄报、短视频等形式加以呈现，并在小组内、班级内或校园内进行展示和宣传，将自己在探究过程中所遇到的障碍和总结的经验与大家进行交流与分享，通过人人主动参与、事事主动探究的方式全面认识安全问题的严重性和安全教育的必要性，加强青少年的安全防范意识，提升校园的风险防控能力。

（四）评估与反思

评估与反思是探究式教学模式的最后阶段，也是青少年校园安全教育的关键阶段。教师可以通过观察学生在探究过程中的差异性表现来推断他们安全素养的发展水平，从而有针对性地调整教学内容和方式的侧重点，同时还可以寻找自身在教学过程中的缺点和不足并加以纠正和完善。学生通过亲身参与和深入探索，对在探究过程中出现的问题和采取的解决方式进行反思，并详细记录在此过程中学到了什么，是如何学到的以及在面临同样的安全问题时该如何处理等要点，使自身在每一次学习中都能快速地成长。①

四、建设学校心理危机干预的机制

近年来，不断出现青少年抑郁、自伤、自杀的事例，以及校园霸凌事件也时有发生，这些几乎成为当前的一种社会问题，由于此类事件的不断升级，已经引起社会和家庭的高度重视。因此，许多大学、中学都开始尝试设置学校心理干预的服务，为学生的心理健康成长提供一个安全有效的平台。

（一）精准开展心理干预工作

无论是中小学还是高等院校，都应尽快建立、健全完善的针对青少年学生的心理测评和心理关爱机制。在多年应试教育背景下，以及社会竞争的不断升级，青少年学生在学业的重压之下难以喘息。尽管国家出台了相应的减负政策，然而痼疾难医，青少年学生仍然面临着多重压力。另外，除学习的压力外，还有一些学生因为原生家庭的破碎或经济不堪等问题，导致存在一些心理障碍或者心理问题。这些都是学校精准开展心理测评与干预的客观要求。

---

① 纪恩桂. 青少年校园安全教育教学模式的创新性研究［J］. 现代青年，2023（1）：46-49.

（二）更新家长的养育观念

　　青少年还不具备独立生存的能力，无论他背后的家庭存在什么问题，青少年不得不依赖家人而获得生存和发展。此时，学校应发挥出教育的职能，不仅是对学生开展必要的心理干预和心理关爱工作，同时也应积极与问题学生的家长建立紧密联系，针对青少年面临的问题，与家长进行深入的沟通和协作，比如开展家庭教育指导行动等有助于青少年学生健康成长的教育活动。通过引导和更新家长的养育观念，为学生创造更加健康、充满关爱的学习环境和生活环境。

第三章

健康中国视域下学校体育教育改革

　　青少年体质健康是推动社会发展和国家富强的重要基础，同时也关系到健康中国战略的实施。我国教育部为推动青少年学生体质健康，不断调整学生体质测试内容，健全与完善学生体质健康监测评价体系，同时积极改进各级各类学校的体育教学工作，取得了良好的成效。但目前我国青少年学生的体质状况依然不容乐观，为改善学生的健康现状，进一步增强学生体质，学校应立足健康中国建设背景，密切关注学生体质健康状况，从学生体质现状出发改革体育课程，更新体育教育理念，完善体育教育内容，创新体育教育方法，优化体育教育模式，培养学生的终身体育锻炼意识，这对促进学生体质健康与全面发展具有重要作用。本章主要对健康中国视域下学校体育改革进行研究，首先分析健康中国背景、体育教育的健康价值和学校体育教育的基础理论，其次探讨健康中国视域下学校体育教育内容、教育方法和教育模式的改革与创新。

第一节　健康中国背景解读

一、"健康中国"的提出

2007 年 9 月，原卫生部部长陈竺在中国科协年会上提出了"三步走健康战略"。他强调在社会主义小康社会建设中，全民健康和人人享有基本卫生医疗保健是一个非常重要的保障条件，要实现全面建成社会主义小康社会的宏伟目标，必然要做到这一点。同样在这一年，党的十七大报告上指出"健康是人全面发展的基础，关系千家万户幸福"。

2008 年，原卫生部正式启动"健康中国 2020"战略研究。2012 年 8 月，经原卫生部组织的数百名专家讨论，形成了"健康中国 2020"战略研究报告，并在"2012 中国卫生论坛"上正式发布这一报告。

2015 年 10 月，党的十八届五中全会，明确提出推进健康中国建设。

2016 年 8 月 19 日，习近平总书记在全国卫生与健康大会上再次重申了健康中国建设的重要意义，他强调："没有全民健康，就没有全面小康。要把人民健康放在优先发展的战略地位，以普及健康生活、优化健康服务、完善健康保障、建设健康环境、发展健康产业为重点，加快推进健康中国建设，努力全方位、全周期保障人民健康，为实现'两个一百年'奋斗目标、实现中华民族伟大复兴的中国梦打下坚实健康基础。"① 同年 10 月，《"健康中国 2030"规划纲要》由中共中央、国务院印发。

2017 年 10 月，习近平总书记在党的十九大报告中再次提出要"实施健康中国战略……要完善国民健康政策，为人民群众提供全方位全周期健康服务。"

---

① 张旭东. 健康中国背景下医学人文精神培育研究 ［D］. 兰州大学博士学位论文，2018.

2019 年 7 月 15 日，国务院印发《国务院关于实施健康中国行动的意见》，制定印发《健康中国行动（2019-2030 年）》，提出未来社会健康工作开展的若干重大专项行动。

2022 年 4 月，为全面推进健康中国建设，根据《中华人民共和国国民经济和社会发展第十四个五年规划和 2035 年远景目标纲要》、《"健康中国 2030"规划纲要》，国务院办公厅印发《"十四五"国民健康规划》，提出"把人民群众生命安全和身体健康放在第一位……加快实施健康中国行动，深化医药卫生体制改革，持续推动发展方式从以治病为中心转变为以人民健康为中心，为群众提供全方位全周期健康服务，不断提高人民健康水平。"

总之，自党的十八大以来，以习近平同志为核心的党中央把"健康中国"建设推向了国家战略的高度。

二、"健康中国"战略的意义

社会经济的发展是建立在健康这一基础条件之上的。社会经济发展从根本上来说需要人的推动，人是必不可少的一支力量。人民能够为社会创造多少价值，为社会做多大的贡献，直接取决于人民的健康状况。改善人民群众的健康水平，能够促进人力资本结构的优化，刺激居民消费，从而转变经济发展方式，对生态化的社会环境加以创建，这种社会环境反过来又能促进人民健康水平的提升。可见，人民健康与社会经济发展之间存在着良性互动的关系，妥善处理这个关系，可实现良性循环。近年来，作为第三产业重要组成部分之一的健康产业在我国的发展非常迅猛，而且发展前景十分广阔，在国民经济增长与国民经济结构的调整中，健康产业做出了重要的贡献，成为我国新的经济增长点。所以说，一方面我国发展社会经济可以更好地实施健康中国战略，实现全民健康目标；另一方面该战略的实施也成为我国社会经济增长的一项重要条件。

国富民强的衡量标准有很多，其中最不能忽视的一个标准就是人民的健康，这不仅是衡量标准，也是重要标志。社会文明的进步是以人民健康为基础的，人民健康，则国家才有可持续发展的能力，国家的综合国力才能更强大。反过来，如果人民健康状况堪忧，疾病得不到救助，传染病肆虐，控制力度弱，则必然影响人民的生活水平、生活质量，影响社会的进步和国家的发展。作为历史的创造者，人民必须先保证自己身体健康、有充足的物质资料来维持生存，才能更好地为社会做贡献。而人民的健康与物质资料的获取又离不开政府在政策层面给予的保障。"健康中国"战略正是政府从政策上解决人民健康问题的伟大举措，实施这项举措能够促进人民群众健康、促进国家医疗卫生事业法改革与发展、促进民生问题的解决，进而为和谐社会的构建提供重要保障。以人为本、以人民群众为中心是国家各项事业发展的重要思想，从根本上来看，健康中国战略积极贯彻了这一思想，该战略的实施能够使人民群众的健康需求得到满足，促进人民健康水平和综合素质的提高，使人民群众获得更多的幸福感、更强烈的安全感。

自古以来，人类追求健康就是一种本能的行为，健康是人类生存与发展的基础条件，也是人类的基本权利之一。"共享共建，全民健康"是健康中国的主题，"共"是这一主题的重点，这是对整体性的一种强调，健康是每个人都有权享有的，只有全民享受健康，才能团结起来共同参与到祖国的建设中。实施健康中国战略，有助于促进我国社会保障制度及健康制度体系的健全与完善，促进健康产业规模的不断扩大，使我国政府部门的健康服务能力得到提升，从而有效消除上述影响因素的制约性，使人民的健康权利在更大范围和更高程度上得到维护，真正实现人人平等享有健康权利、人人拥有健康身心。实施健康中国战略还能调动全民的积极性，使其主动投身于健康中国建设中。有关部门应加强对社会医疗保障体系的充实与完善、积极向人民提供优质的健康服务，从而使人民群众不再为看病难而发愁，有效提升人民群众的健康生活水平。健康中国战略指出，要从根本上转变医学模式，就要贯彻"预防为主"的方针，要充分运用医学技术，完善公共医学政策，促进中西医的有机融合，采取行动切实对威胁人民健康的重大疾病问题加以解决，"预防为主"的方针与人民群众的利益诉求从根本上来说是相契合的。

三、健康中国建设与青少年体质健康

少年强则国强，青少年是健康中国建设的重要内容和生力军，加强青少年的体质健康促进与健康中国建设之间有着极为密切的关系。二者的目标是一致的，都是为了促进人们的身体健康发展。

青少年是祖国的未来，是社会主义现代化建设的后备力量，承载着

祖国的未来和希望，因此，这就要求青少年必须拥有健康的体魄，这是最为基本的条件，否则，民族兴旺、国家强盛都无从谈起。因此，实施健康中国战略是尤为必要的。

健康中国战略的实施，对于推动青少年体育运动开展，提升青少年的体质水平具有重要的意义。广大的青少年要紧紧抓住这一历史的机遇，立足当下，养成坚持参加体育锻炼的良好习惯，并且将其作为一种生活理念，在体育锻炼中，坚持不懈，在有效提升自身体质水平的同时，还能锻炼自己的意志品质，培养自己的团队协作精神，这对于青少年自身的健康发展以及社会主义现代化建设都具有重要的意义。

第二节　体育教育的健康价值

一、体育教育的身体健康价值

（一）对大脑的促进

青少年通过系统的体育学习，长期参与体育运动，不仅肺活量和心血管强于缺乏运动的同龄人，而且肌肉群会更加丰满、发达，这就给心脏提供了一个非常可靠的援助系统，同时也能满足大脑长时间工作对氧气、葡萄糖等能源物质的需求，源源不断的能量供应使青少年在学习中头脑清醒、精力充沛、不易疲劳。

（二）对呼吸系统的促进

青少年在学校经常参与体育锻炼能够增强呼吸肌的力量，增大肺活量，改善呼吸频率，最终提高与完善呼吸系统机能。缺少运动的学生胸廓活动范围小，呼吸短促无力，经常锻炼的学生随着呼吸运动的加强，腹肌、肩带肌、背肌等辅助肌都参加工作，使呼吸肌强壮有力，呼吸功能不断提高。

肺活量大的人，安静状态下是深而慢的呼吸，以这种呼吸方式为主的人在每次呼吸后的休息时间较长，不易疲劳，在轻度运动时呼吸短促、胸闷等现象不易出现，而没有良好运动经验的学生由于肺活量小，在运动时呼吸频率加快，结果导致呼吸肌紧张，容易早早出现胸闷、气喘等现象。所以说体育锻炼能改善学生的呼吸系统机能。

（三）对消化系统的促进

运动体内新陈代谢增加，能量物质大量消耗，这就是需要消化系统发挥功能，更好地吸收营养，以满足机体需要。在神经和体液的调节下，人体消化系统的物理性消化和化学性消化加强，消化腺分泌的消化液增多，消化管道蠕动增强，促使食物更好地吸收。运动促进呼吸活动加强，横膈肌和腹肌的活动范围增大，对肝脏和肠胃起到按摩作用，有助于促进消化。

（四）对心血管系统的促进

在体育教育中，学生参加体育活动，由于心肌经常收缩，增加了血流量，心脏功能所需氧气和其他营养物质得到充分供应，心肌纤维变粗，心脏容量增加，这对维持心脏的功能有很大作用。学生参加有氧运动还可以防治心血管疾病。

总之，学校体育教育对学生的身体健康具有重要影响，学生经常参与体育活动，养成良好的体育锻炼习惯，能够提高健康水平，保持活力，为学习与生活奠定良好的身体基础。

二、体育教育的心理健康价值

（一）释放压力，消除不良心理

当前社会竞争十分激烈，学生群体承受很大的压力，这不利于学生形成与保持健康心态。学校体育教育能够帮助学生通过适度运动的方式释放压力，进而消除不良心理状态，提高学生健康水平。学生参与学校体育活动，有利于促进中枢神经的兴奋，刺激大脑皮层分泌多巴胺，进而产生愉悦感，从而有效抑制与抵抗不良心理状态的蔓延。

（二）增加自信，提升学生心理素质水平

在体育教学过程中，通过合理开展相关体育活动，有利于帮助学生在体育活动实践中获得成功的体验，从而强化学生的自信心，提升与优化学生的心理素质。在体育教育过程中，体育教师可以为学生营造良好的自我价值实现环境，帮助学生合理消除烦恼、孤独以及焦虑等负面心理，从而促进学生心理健康。

（三）培养集体意识，树立正确的价值观

在学校体育教育过程中，通过开展集体类体育活动，有利于促进学生之间的交流沟通，改善与增进同学之间的关系与友谊，从而营造良好的班级氛围。学生在参与体育活动的过程中通过人际交往，可以在集体中更真切地感受到良好关系的重要性，进而满足在心理方面的情感需求，以促进健康心理素质的提升。

（四）促进个性化发展

体育教育中很多运动项目都十分考验学生的耐力和意志力，能够提升学生的心理素质，促进学生个性化发展。同时，学校开设内容丰富的体育选修课，学生可以自主选择自己感兴趣的运动，发挥自己的优势，弥补自己的不足，以促进自身的个性化发展与综合素质的全面提升。

（五）提升适应社会能力

学校是一个微型社会群体，学生在该群体环境下学习与生活，能够锻炼适应性，提升适应能力。心理适应能力主要是对人际关系的适应能力，很多学生之所以有心理疾病，主要是因为人际关系失调而导致的。在体育教育过程中，教师通过以班级为单位组织丰富多彩的集体性体育活动，使学生的人际交往中呈现群体多向性。学生在参与活动时，不仅可以培养团结协作的精神，同时还能提高适应能力，为学生以后适应真实的社会环境打好基础。

从社会文化视角来看，竞技体育与体育竞赛实际上是社会的生产及生活的模拟，体育精神可以充分映射学生的现代社会精神，并且从本质上来看，许多体育教学内容也是社会生活的缩影。学生参加这些体育活动中，从中体验成功与失败，发挥优势或补充劣势，再加上教师的引导和教育，能够使学生正确认识体育、生活及社会，这有助于陶冶学生的情感，引导学生树立正确的价值观。①

三、体育教育促进学生身心健康发展的建议

在时代不断进步、经济迅猛发展的今天，我国对人才的培养越来越严格，对全面型人才的需求持续增加，因此学校教育在培养人才方面越来越注重全面发展。学生作为国家的栋梁和民族的希望，承担着一定的学习压力，他们常常没有多余的时间参加体育锻炼，最终造成了体质健康水平逐渐下降的现状。而且很多学校对体育教育不太重视，对课外体育活动的举办也没有给予足够的支持与鼓励，组织体能测试也只是表面工作，所以学生的健康无法得到有效的保障。健康是奋斗的"本钱"，如果学生身心不健康，是没有精力学习和奋斗的，最终也没有能力为祖国建设贡献力量。为了更好地培养人才，推动国家现代化建设，学校要确立"健康第一"的教学理念，在这一教学理念下制定体育课程教学方案，加强体育课程改革与创新，高度重视在体育课程实施中对学生健康体质的培养，为国家培养身心健康、全面发展的栋梁之材。

（一）重视学生的主体地位

素质教育理念强调充分尊重学生的主体性，在教育中激励学生发挥主体性，并促进学生主体性的不断完善。素质教育是学校体育教育的基本理念，在素质教育理念的指导下对学生的体育参与意识进行培养，引

---

① 吕伯文.校园体育教育对学生心理健康的影响研究［J］.文化创新比较研究，2020，4（20）：31-33.

导学生从自身情况出发选择自己感兴趣的或擅长的体育课，并鼓励学生多组织与参与课外体育活动，使学生的主体性在各方面都得到充分发挥，并使学生在发挥主体性的同时提升自我意识，养成良好的运动习惯，将运动锻炼作为自主生活的主要内容之一，并能确立终身体育锻炼的长远目标。在学校体育教育中重视学生的主体地位，需要及时转变教育理念，不断更新与完善教学制度，并加大相关制度与政策的践行力度，学校有关部门及工作人员要共同努力来执行制度，完善素质教育目标，促进学生健康成长与全面发展。提高学生的身心健康水平是每一位教育工作者的重要使命与责任，在学校体育教育中要不断加强教学理念的更新，在科学的新的教育理念下做好体育教育工作，发挥体育教育的健康功能，提高学生的健康水平。

（二）丰富与完善体育课程体系

现阶段，分项教学体制在一些高校已经开始实施，但在该体制的实际运行中，很多学生因为限制条件过多而不能自主选择感兴趣的项目，而且以集体授课为主，分层教学落实不到位，使体质和运动能力好的学生"吃不饱"，体质差和缺乏运动基础的学生"完不成"，这对先天体质较差和对运动不敏感学生来说无疑是很大的打击。对此，学校应进一步拓展与完善体育课程体系，开展丰富多彩的运动项目，使学生能够根据自身条件选择项目，并使考核标准与学生身体条件及原有运动基础相联系，这样既能使学生获得成功的体验，又能够鼓励学生的进步和提高，从而激发学生的运动自信心，使各层次学生都能进一步发展。

（三）组建体育协会，开展课外体育活动

学校中的体育协会相对较多，但参加人数还是很少，坚持锻炼的学生少之又少，学校应鼓励骨干教师参与协会活动，对学生的课外体育锻炼进行指导，并定期评比，建立公开评分体系，并在场地和设施上给予大力支持，让学生自主制定规章制度，通过各种形式吸引学生参与协会活动，这不仅可以提高体育教学效果，激发学生的运动兴趣，培养学生的体育锻炼习惯，也能全面提高学生的综合素质，发展校园体育文化，促进校园体育文化的多元化发展。

第三节 学校体育教育的基础理论

一、学校体育教育的指导思想

(一) 人本教育指导思想

人本主义理论的核心思想是,我们要以人性为中心来探讨技术性因素的发展,然后促进人与自然环境、社会环境的和谐发展。人本主义思想体现了对人性、个性的尊重,对促进人的全面发展具有重要意义。现在,人本主义理论受到了广泛的认可,在很多领域都树立了该理念,在这一思想的指导下开展工作,教育领域同样如此。将人本主义理念引进教育领域,将该理念的核心思想与教育的特征相结合,从而形成了人本教育思想。

人本教育理念的基本思想是,教育活动是围绕学生这个核心而展开的,应该将教学活动的中心定位在学生角色上,而不是教师,要围绕学生这个中心角色的兴趣爱好、个性需求而设置课程,实施教学过程,要根据不同学生的不同情况而进行区别化、个性化教学,要将所有学生的潜能充分激发出来,促进每个学生健康与发展。

总的来说,人本教育思想尊重人的本质属性,并由此出发通过科学教育来满足人们的心理需求,实现人的个性化发展目标,促进人生命质量的提升,从一定程度上而言,这与全面发展的教育思想是非常契合的。

(二) 快乐教学指导思想

体育教育如果缺少了乐趣,单纯严肃地讲解知识,传授技能,那么学生就会在漫长枯燥的教学中失去兴趣,最终影响教学质量。可见,开发体育教育中的趣味元素，或将趣味元素融入体育课堂，提高教学的趣味性非常重要。这就需要在学校体育教育中树立快乐教学思想，强调培养学生体育兴趣和创造力的重要性，让学生的身体素质、运动能力在充满趣味、轻松活泼的氛围中得到提升。

在学校体育教育中确立快乐教学指导思想，要求体育老师将原来运动教学中的一部分用情感教学替代，在培养学生健康体质、运动技能的同时注重学生人格的培养与健全，同时要使学生树立自觉学习、乐于学习的学习观，在体育学习过程中享受乐趣，领悟奥妙。为了提高体育教育的趣味性，激发学生的学习兴趣，体育教师还要重视对传统教学方法的改革，适当设计一些游戏教学方法来活跃课堂氛围。

（三）终身体育指导思想

人们在任何时间和地点都能根据自身实际情况和现实需要而从事适宜的体育锻炼活动，这就是一般意义上的"终身体育"理念。终身体育包括学校体育、家庭体育、社会体育，这是从终身体育的构成空间上而言的，也有相应的构成人群，各个空间的所有人群都应该具备一定的锻炼能力，养成良好的锻炼习惯，这些都是终身体育的重要组成要素。不管是学校体育，家庭体育，还是社会体育，都充分彰显了体育运动的重要价值，如强身健体、愉悦心理、陶冶情操、防治疾病、延年益寿、社会交往等。鉴于体育运动对人的一生都有重要意义，学校体育教育必须确立终身体育指导思想，构建终身体育教学体系，促进体育教育的深化与拓展，使体育运动伴随学生的一生，为学生的健康提供终身保障。

二、学校体育教育的基本原则

（一）兴趣原则

在学校体育教育中，要格外重视学生的兴趣表现。一般而言，学生对外界充满好奇心，愿意探索新奇的事物，兴趣是他们最大的动力。但是由于每个学生都具有一定的天性差异，有的喜欢偏游戏类的体育活动，有的更喜欢攻守激烈的竞技体育活动。这就需要教师在调动学生兴趣爱好、尊重学生个人兴趣的基础上，根据学生的兴趣爱好进行教学，这有助于充分调动学生学习的积极性和主动性。

（二）从实际出发原则

从实际出发原则是指教师在开展体育教育时，应该根据实际情况灵活地安排对学生发展最为有利的教学内容。比如，按照教案的安排，一节课教授几个简单的技术动作，但是如果学生对此动作都已经非常熟悉，失去新鲜感和热情的话，教师应根据实际情况迅速作出相应调整，通过增加或降低难度、调整教学内容、变化教学方法等方式进行相应的变动与创新，选择最能激发学生参与热情的方式进行教学。因为只有学生全身心参与，才能获得良好的教学效果，真正使学生受益。

（三）适量性原则

适量性原则是指在学校体育教育中有意识地控制练习时间、强度和密度，防止过大的运动负荷造成学生过度疲劳或受伤。一定要在安全的前提下进行教学，在运动负荷的安排中遵循适量性原则，防止学生过度疲劳或过度兴奋，以免影响身心健康。体育教育的形式、内容、运动负荷都要符合适量性要求，在教学实施过程中具体要注意如下三点：

1. 合理调节负荷、节奏

根据学生的认知能力，一般在课堂教学前半部分可安排有一定认知难度的内容，比如新的或较难的动作，而后半部分则以难度较小或带有复习性质的内容。这样既保证了学生可以学习新内容，同时难度又不会过大，以免导致学生产生畏难情绪。从学生的情绪来看，应遵循循序渐进的原则来安排运动负荷，如果开始就安排让学生情绪过度兴奋的内容，会影响新动作的学习和掌握，因此，可以在后半部分适当地让学生的情绪释放，自由练习。

2. 科学安排时间

在学校体育教育过程中，教师要对教学时间有合理的把握，包括教师讲解和示范时间的比例要适当，如果时间太短，学生还不能完全理解，如果时间太长，学生的注意力容易转移。

3. 课前做好准备工作

体育教育实践课多是在户外进行，这需要教师提前对天气情况有所了解，同时还要确保场地和相应设施的安全，这些都要求教师在课前做好充分的准备工作。此外，教师还要根据季节和气温情况调整教学中的运动负荷。在炎热的夏季避开日照强烈的时间段，选择活动量小的内容；在寒冷的冬季可适当增加练习密度和运动负荷。

（四）差异性原则

差异性原则是指，体育教师在体育教育过程中要充分考虑学生的个体差异。因为学生体质健康水平、运动基础、学习能力等存在差异，所以不适合采用"一刀切"的教学方法。体育教师要根据学生的个体差异程度采取不同的教学方法，对不同水平的学生进行不同的指导，做到因材施教。这就要求体育教师要具有丰富的教学经验，对学生的身心发育规律、体能差异、运动水平差异有一定的了解和掌握，并能够敏锐地观察每个学生在体育课程学习中的表现，进行适时的、正确的引导。

（五）师生协同原则

在学校体育教育中，教师的教与学生的学密切相关，相互影响，相互作用，整个教学过程也可以看作教师与学生频繁互动、协同完成教学任务的过程。鉴于体育教育的这一特征，在教学中贯彻师生协同原则非常必要。在学校体育教育中，既要承认与尊重教师的主导地位，也要高度重视与尊重学生的主体地位，体育教师发挥的主导作用与学生主体的能动性相互促进与协调，要特别强调学生发挥主观能动性对提高教学效果的重要性。

在学校体育教育中贯彻师生协同原则，要做到以下四点要求：

（1）体育教师与教学对象之间要建立良好的关系。

（2）体育教师要使学生掌握适合自己的学习方式，将其学习的主动性与积极性调动起来。

（3）教学生动有趣，氛围和谐活泼，师生互动体现出民主性。

（4）师生平等对话，提高互动质量。

（六）启发创造原则

在学校体育教育中，教师不仅要传授体育与健康知识、体育专项技能，培养学生的体育理论素养与运动能力，还要开发学生的智力，培养学生的意志品质，丰富学生的情感，提升学生的创造力。要完成这些培养目标，就要贯彻启发创造原则，在教学过程中创设情境，设计问题，鼓励学生自主思考，独立或合作解决问题。这也是素质教育的要求。

在学校体育教育中贯彻启发创造原则，要做到以下三点要求：

（1）将学生的学习动机和热情激发出来，培养学生探索与创新的积极性。

（2）将培养学生的思维能力作为教学目标之一。

（3）设置适宜的、能够启发学生自觉思考的问题情境。

三、学校体育教育方法

（一）以语言为主的教学方法

1. 讲解法

讲解法是一切教学的基础，能够有效地帮助学生在较短的时间内理解和掌握体育基础知识和技能。语言是人与人之间最主要的沟通交流方式，因此也是学生最习惯、最擅长的接收信息的途径。教师应该充分利用语言交流的功能，努力把体育教学中可以通过语言传达的信息，经过巧妙的组织，以生动、简洁、快速、好理解的方式传递给学生。同时需要注意的是，体育毕竟是一门实践课，教师的讲解应尽量做到精练和准确，然后给学生更多的时间进行练习。

2. 问答法

问答法是在讲解法的基础上发展而来的一种教学方法，它的优点是便于激发学生学习的主动性和积极性，能够培养学生的思辨能力、语言表达能力。

3. 讨论法

讨论法是在讲解法和问答法的基础上延伸出来的一种更为灵活、教学空间更大的教学方法，它给教师、学生以及课堂更大的自由度。讨论法主要是在体育教师的指导下，以班级或小组为单位，围绕某一核心问题进行讨论，让学生自由表达观点，从而促进学生积极、主动地参加到教学活动中来，并能主动提出问题，通过讨论与思辨，寻找解决问题的方法，这是学生作为学习主体主观能动性较强的体现。讨论法有利于增强学生的合作精神和集体主义精神，还能锻炼他们的人际交往能力和组织领导力。

在体育教学中，讨论法是一种辅助教学方法，不要过度使用，教师要把握好讨论的时间和范围。

（二）以感知为主的教学方法

体育教师常常会利用学生的感知功能进行教学，这里的感知主要是指视觉和听觉，因为在运动实践中有大量的视觉参与环节，无论是对自身技能的掌控还是对对手的观察，都离不开眼睛的观察和耳朵的倾听参与。另外，由于借助感知的教学方法更加直观，所以在体育教学中颇受欢迎。

以感知为主的体育教学方法主要有以下两种：

1. 示范法

动作示范法是教师教授某个技术动作时，为了能让学生清楚地了解技术的动作要领，亲自做示范的教学方法。动作示范法的优势是直接快速地向学生展示动作特点和技术要领。此外，教师标准流畅的动作示范会成功地激发学生的学习兴趣。

2. 演示法

演示法是指教师通过各种教学工具向学生直观呈现技术动作，通过增强学生的感性认识而提高学习效率的一种方法。演示法可以理解为是示范法的延伸，是教师无法示范或示范无法达到预期效果时采用的一种教学方法。

（三）以练习为主的教学方法

1. 分解练习法

分解练习法就是将完整的动作分解为若干简单动作，从而逐一练习的方法。一方面，从技术难度的角度看，通过分解动作可以降低技术难度，便于学生掌握；另一方面，从心理接受的角度看，也提高了学生的学习信心，避免学生因畏难心理而退缩。在具体的教学实践中，应该注意分解的科学性与合理性，分解应以不破坏原有动作的结构为原则。比如，我们观看一场美国职业篮球联赛的比赛，会被篮球明星出神入化的高超球技深深折服，但是这并不能提高我们的球技。需要将连续的动作进行分解，这样能够将复杂的技术具体化、简单化，让学生针对每个环节进行练习，直到最终能够掌握一套完整的技术。

2. 完整练习法

完整练习法是与分解练习法相对的，是指对整套动作进行完整性的练习。完整练习法适用于一些难度低，易于学生在脑海中形成完整动作概念的技术动作教学中，如仰卧起坐、跑步、跳绳、俯卧撑等。

3. 领会练习法

领会练习法是指通过语言、文字、图片或视频等多种信息传递方式来讲解或示范动作，目的是帮助学生对所学技术动作形成一个概括性的认识。这种教学方式是在学习一个新动作之初就把该动作的所有特征都展示给学生，有助于学生从整体上认识和了解新授技术，从而对接下来的学习和练习有大致的了解。一方面，这可以激发学生的学习兴趣；另一方面，学生可以根据概括性的认识判断自己学习该技术的难度有多大。

第四节　健康中国视域下学校
体育教育内容资源的开发

一、按照《义务教育体育与健康课程标准》的指引开发体育教学内容资源

《义务教育体育与健康课程标准（2022年版）》修订组的专家在素质教育、终身教育、全面教育等现代体育教学思想的指导下，根据体育学科的特点、现代健康观、体育教学发展趋势而明确了现代体育课程教学的目标体系及学习领域。体育教师应依托《义务教育体育与健康课程标准（2022年版）》这一纲领性文件的科学指引来开发体育教学内容资源，使体育教学内容有助于实现不同层次的教学目标。

二、根据学生的身心发育规律与特点开发体育教学内容资源

运动生理学、运动心理学、运动解剖学等运动人体科学是开发体育教学内容资源的重要学科基础和原理。青少年学生生长发育的规律与特点是体育教师开发体育教学内容资源必须考虑的因素，体育教师应从教学对象的年龄特点、生理解剖特点出发对教学内容进行开发与选择，所选内容资源要有助于促进学生健康成长和全面发展。

三、将体育教学内容资源的开发及校本课程的开发结合起来

国家体育课程纲要和地方性体育课程纲要是学校开发校本课程的重要理论指导与依据。在统一课程纲要的指导下，学校从自身办学特点、教学条件出发选择恰当的校本课程开发方式，课程要体现出地方和学校特色，要能使学生的学习需求得到满足，要能使学校的教学资源得到充分利用。校本课程地域特色鲜明，各所学校的校本课程可以说是专属于本校的独一无二的课程资源，开发校本课程离不开本校体育教师的参与及配合，同时要对地方文化、地方传统体育、学校各方面的条件以及学

生的认知能力及学习需要予以全方位的考虑。

作为国家体育课程的重要补充，校本课程可以灵活确定教学目标和教学内容，教师有相对自由的教学空间，具有地方特色的教学内容更容易激发学生的学习兴趣，实施这些教学内容能够提高课堂教学的活跃度、灵活性和创新性，也便于根据不同学生的特点而进行有效教学。

四、加强学校体育教育内容的拓展

在健康中国战略背景下，体育教育作为培养学生健康素质的重要途径，其内容的创新显得尤为重要。健康中国视域下的学校体育教育内容应突出三个方面的特征。首先是全面性，体育教育内容应涵盖身体、心理、社会三个方面的健康，注重培养学生全面发展。其次是个性化，根据学生的年龄、性别、体质和兴趣，开发个性化的体育教育内容资源，满足不同学生的需求。最后是时代性，体育教育内容应与时俱进，融入现代体育理念和健身方法，提高教育的吸引力。具体而言，在健康中国视域下拓展体育教育内容，应做到以下四点：

第一，增加体育课程类型，在传统体育项目的基础上，引入瑜伽、太极、舞蹈等多样化的体育课程，丰富学生的体育体验。

第二，融入健康教育，将健康知识、健康生活方式和健康心理素质培养融入体育教育，提高学生的健康素养。

第三，注重户外活动，加大户外活动力度，鼓励学生参加徒步、攀岩等户外运动，锻炼身体，培养勇敢精神。

第四，开发线上线下相结合的体育教育内容资源，提高线上线下体育教育质量。

第五节　健康中国视域下学校体育教育方法的改革

一、关注学生健康，培养学生健康意识

体育教育的本真含义在于通过传授体育知识与运动技能，促使学生

身心健康与协调发展。但是，在体测达标的硬性规定下，学生在有限的体育课堂教学中只能根据达标测试的要求进行千篇一律的模仿练习，其健康意识无法得到有效培养。对此，应在健康中国视域下改变"达标测试"在教学评价中的主导地位，将学生实用性运动技能的学习效果以及在体育学习中所表现出的积极态度作为体育学习评价的重要依据，以此来消除"达标率"对学生体育学习的重压与误导，引导学生实现体育学习与健康素质培养的对接。体育教师应采用"点拨"的手段对学生的健康意识进行有针对性的启迪，促使学生体育运动技能与健康意识两个方面的共同提升与发展。

二、加强与学生的情感互动，为营造轻松愉悦的学习氛围

在传统体育教育中，由于"填鸭式"或"灌输式"等强制性教学方法的运用，造成了教师与学生这两大教学行为主体之间地位落差明显、情感交流困难，致使学生学习压力过大，或对体育课心存恐惧，这不仅制约了体育教学活动的正常开展，同时对学生身心健康极为不利。因此，基于健康中国视域下的体育教育方法的创新，应以改善师生关系为前提，要求体育教师积极主动地加强与学生的互动交流，采用鼓励、启示、肯定、引导等手段缓解学生的体育学习压力，在充分尊重学生的基础上，以平等的视角与学生进行情感交流。舒缓学生学习的紧张情绪，提高学生体育学习的积极主动性和实际效果。[①]

三、实施能够激发学生兴趣的微课教学法

微课教学法是以教学目标和教学要求为依据，以视频为载体对课堂教学中的全部活动（教师的教学活动、学生的学习活动以及师生互动活动）进行记录的教学方法。微课教学法具有教学时间短、教学内容精练、注重师生互动等特征。微课教学方法的应用价值及重要作用体现在以下五个方面：

第一，调动学生的体育学习积极性，促进学生学习效率的提升，有

---

① 孙波. 健康第一视域下高校体育教学方法的创新研究［J］. 佳木斯职业学院学报，2018（1）：321+324.

助于学生身心健康。

第二，改革传统教学模式中落后的因素，提高教学模式的应用价值。

第三，对零碎的教学时间加以整合，提高课堂时间的利用效率。

第四，尊重学生的主体性，提高教学的针对性。

第五，及时帮助学生纠正错误动作，规范动作。

下面具体分析如何在体育教育中设计与运用微课教学方法。

（一）重视微课教学平台的建立

不同学校的教学条件有差异，在教学硬件与教学软件方面都有充分的体现，各校在建立微课教学平台时，要选择符合本校教学条件的多媒体手段，微课教学既要体现出现代性、有效性，也要讲究经济便捷性。一般来说，在班级大家庭中建立微信群能够很便捷快速地构建微课教学平台，教师将微课教学视频分享到班级群里，学生借助多媒体手段自主学习。在微课教学平台的构建中，要根据实际情况来投入相应的硬件和软件装备，由专业人员负责管理这些教学设施，每次使用前做好调试工作，并加强维护，提高利用率，延长使用寿命。

（二）科学进行微课设计

体育教师在进行微课设计时一定要遵循科学性原则，微课设计的科学性主要体现在完整、系统、规范三个方面。

1. 完整设计

在体育微课设计中，要以学生为主体确定方案，制定教学目标明确、内容完整、重点清晰、难点突出，能够充分调动学生学习积极性的微课视频。微课设计的完整性主要体现在组织结构的完整性、教学内容的完整性两个方面，完整性教学是分解教学的升华，单个动作适合直接采用完整教学法，组合或成套动作适合先采用分解教学法，但最后一定要过渡到完整教学上。

2. 系统设计

设计体育微课，要树立现代化的教学理念，以学生体质健康、终身体育锻炼为目的而对教学内容进行系统性梳理，由点到面，由零散到整体，精心进行系统化的微课教学设计。

3. 规范设计

微课课程结构精练，内容单一，设计看似简单，实则非常专业。在设计过程中，体育教师一定要确保方案中的每个元素如文字、图片、视频、动画等都准确无误，符合教学内容，如果存在失误，哪怕是很小的失误，都会给体育微课教学质量带来不利的影响，因此规范化进行微课设计是非常重要的。

（三）注重对微课视频教程的拍摄及运用

微课是体育教学的现代化方式，教师除对微课的直接运用外，也可以对自己的教学过程进行拍摄，制作微课教学视频，将自己的教学经验和技巧分享给其他教师，同时主动向其他教师学习经验，借鉴其他优秀教师的教学案例来组织教学，在教学资源与经验的互换中达到更好的教学效果。

教师拍摄自己的教学视频并计划将此作为教学案例分享给其他师生时，要特别重视教学的专业性、规范性与准确性，如用专业术语讲解，示范优美准确，指导学生时认真耐心，让学生将自己的学习成果展示出来，以体现良好的教学效果。如果条件允许，可以邀请专业教练员或运动员从专业的视角拍摄视频，以提高拍摄质量。微课视频的分享为高校教学资源最大限度的共享提供了可能。为了使微课视频的应用价值得到进一步提高与充分发挥，高校可以举办校际教学研讨会或分享会，优秀教师会聚一堂共同进行专业教学的研讨，以制作出更精彩、专业、高质的体育微课教学视频。

（四）在微课教学中把握教学难点

体育运动中有些项目的动作相对复杂，对学生来说学习起来难度较大，而将教学难点作为微课教学的主要内容，可以通过视频回放来使学生观察动作细节，使其逐步掌握复杂动作，提高运动水平。在体育微课教学中可以实现对教学难点的准确把握，使学生按照视频内容与提示重复演练，直至达到像视频中呈现出来的动作质量，在学生对照视频演练的同时，体育教师还要继续深化理论讲解，使学生在理解的基础上掌握技术动作，提高练习效果。在微课教学中，还可以组织学生自由讨论，发表关于微课教学的看法，从而为完善微课教学提供思路，使微课教学真正服务于广大学生群体。

（五）在微课教学中增加互动

在微课教学中，为了提高学生的思想注意力，使其将注意力全部放到课堂中来，教师要主动与学生互动，调动课堂氛围，将学生的学习积极性和热情也调动起来，使所有学生都真正参与到信息化教学中。在微课教学中增加互动的方式，如线上回答学生的问题，回复学生的评论，与学生在线沟通学习技巧，利用互联网平台使学生充分发表自己的观点，陈述自己的问题，耐心帮助学生解决问题，尊重学生的个性，同时引导学生之间的互动，提高学习的趣味，充分贯彻寓教于乐的教学原则。

（六）加强传统教学与微课教学的有机结合，构建一体化教学模式

在信息化技术背景下，微课教学作为现代化教学方式在体育教学中得到了有效的运用，但要注意的是，在体育教学中要紧紧结合教学实际来展开教学工作，不能脱离实际情况，而且教师要把自己的教授活动与学生的学习活动紧紧联系起来，而不是只给学生呈现视频案例就可以了。另外，在运用现代化教学方式的同时不能忽视对传统教学方式的继续运用，传承下来的传统教学方法一定有其可取之处，所以要取其精华，将其与现代教学方式结合起来使用，实现传统与现代教学方式的有机互补。

体育教学对学生的运动感知能力提出了较高的要求，因此在设计微课并运用这一现代化教学方式时，要加强线上教学与线下教学的有机结合，线上给学生呈现生动精彩的教学视频与真实案例，使学生了解体育理论与技术动作，并认真观察细节动作和难度动作。线下学生要不断练

习来达到视频中要求的标准，并将所学理论与动作运用到实践中，以实现理论的升华与技术水平的提升。

第六节　健康中国视域下学校体育教育模式的创新

一、传统体育教育模式的改革

（一）传统体育教育模式改革的必要性

在应试教育时期，运动技能传授模式、小群体教学模式等传统体育教育模式所发挥的作用是毋庸置疑的。但在新时期，随着社会环境的不断变化和教育改革的日益深化，传统体育教育模式的缺点逐渐暴露，亟须改革。青少年活泼好动，有着强烈的好奇心和敏捷的思维，喜欢一些有挑战性的事物，对新事物的兴趣浓厚，但兴趣多变，有时不能坚持做一件事，缺乏持之以恒的态度和意志力。这是青少年的普遍心理特征。一些学生对体育课本身是感兴趣的，但如果在课堂上被教师过多约束和限制，就会失去上体育课的兴趣。传统体育教育模式中确实存在一些条条框框，这对体育教师创造力的发挥和学生主观能动性的发挥都造成了一定的限制，也导致体育教育教学的组织实施整体比较单调，缺乏活力，不利于培养学生的学习兴趣，也限制了学生的个性发展。对此，必须加快改革传统体育教育模式，尤其是随着素质教育、健康教育、全面育人等教育理念的不断渗透以及健康中国建设进程的加快，学校教育对学生兴趣、特长和综合素质的培养越来越受重视，这就需要改革传统体育教育模式，改变传统的灌输式教学模式，对学生多一些引导，少一些说教，向学生传授适合他们的学习方法和运动方式，使每个学生都能充分发挥自己的特长与个性，能在有限的课堂时间内有所收获，得到锻炼、提升和成长。改革传统体育教育模式，除了要改变传统的身体锻炼和教育方式，还要融入心理教育，身心教育合为一体，对学生良好的道德品质进行培养，使学生成为有思想、有个性、有情感、有意志的人，能够自主学习，不断提升自己，实现全面健康和全方位发展。

对传统体育教育模式的改革与优化是促进体育教育效率和质量提升的关键。在传统体育教育模式的改革中，要采取恰当的方式将之前的一些限制性条件转化为对教学有利的条件，尽可能走出条条框框的束缚，解放思想，拓展思维，大胆探索和创新。突破条条框框的约束并不意味着让学生毫无组织性、纪律性、目的性地"疯玩"，基本的课堂纪律是不可缺少的，在遵守基本课堂教学管理条例的基础上适当为学生提供更多的空间，并通过丰富教学内容、创新教学方法来调动学生的学习热情，营造良好的课堂氛围，促进学生学习效率的提升。

（二）传统体育教育模式改革的建议

1. 依据体育教育的特点进行教学

在动态变化的体育教育中，体育教师为完成教学任务、实现教学目标而有目的地选用一些课堂组织方式和教学方法，教师根据教材施教，学生按教师的节奏井然有序地学习。但体育教学的独特之处在于它没有特定的方法，任何教学组织形式、教学方法都会发生变化，它们的变化主要是随着教学对象、教学内容等教学因素的变化而变化的。因此，要根据体育教育的具体特点进行相应的教学，并接受课堂架构的多元化，对课堂结构的安排要系统化、合理化，要以课程类型、教学内容、教学组织形式以及学生实际情况为依据来不断调整与优化课堂结构。体育教师要灵活安排课堂结构，并能根据课堂教学任务和教学目标去充分发挥不同课堂结构的优势与作用，对课堂上的教学内容、教学方法都要做到心中有数，无论是安排教学内容还是选用教学方法，都要为实现促进学生健康的教育目标服务。

2. 实施健身体育教育教学模式

健身体育教育教学模式注重学生对体育活动的自主参与和积极参与，注重对学生运动兴趣、运动意识、运动兴趣及终身体育习惯的培养。该模式的基本观点是，引导学生参与体育运动，使学生保持对体育运动的兴趣，端正学生的运动态度，对能够促进学生身心健康、培养学生综合素质的体育活动进行探索，通过参与活动增强学生体质，促进学生健康成长。

在健身体育教育教学模式的操作过程中，要将体育活动的边界确定下来，也就是指定的活动区域和实际界限，并明确各项活动的规则或要求，这样才能保证课堂秩序不混乱，才能引导学生的课堂行为更加规范。明确规则、要求和边界，是体育教育管理的重点，这样可以减少管理的时间成本，将更多的时间用于指导学生参加体育活动，促进学生身体素质的发展和运动能力的提升，培养学生的健康体魄和健康心理，让学生既然遵守规则，也能享受运动的乐趣。

3. 合理利用竞技体育教育教学模式

竞技体育的教育教学模式相对来说是高标准、严要求的。将该模式引入体育课堂中，与传统教学模式最大的不同在于课堂评价，即既要从技术层面评价学生的表现，又要对学生的课堂认知、学习态度及裁判意识进行培养。在体育教育中构建竞技体育教育教学模式，应强调运动技能的培养与提升，并注重培养学生的专项身体素质，即为掌握某项运动技能而必须具备的运动素质。此外，该模式还注重对学生实践能力的培养，使学生将课堂上掌握的运动技术技能运用到比赛中，取得优异的成绩。不仅如此，竞技体育教育教学模式还提出要培养学生的裁判意识与基本执裁能力，要求学生掌握裁判知识与规则，能够在比赛中学有所用。

二、健康中国视域下创新性体育教育模式的运用

（一）翻转课堂教学模式

翻转课堂一般被理解为课前、课堂学习任务和教学状态的改变，课前从自由安排时间转变为自主学习教学内容，课堂从教师讲授转变为学生讨论、分享观点和师生共同总结。在传统体育教育模式的改革中，翻转课堂教学模式作为一个比较成熟的创新性模式能够充分发挥示范作用。

1. 翻转课堂的意义

翻转课堂对于学习者知识的掌握和教师能力的提升都有较大的影响

力，具体意义体现在以下四个方面：

（1）提升课堂时间价值。

在翻转课堂学习过程中，学习者在课下跟随教师讲课视频学习，记录笔记，不理解的部分反复听，还可以借助补充资料查缺补漏、拓展学习内容。因此，学习者在进入课堂前已经基本掌握了课程内容，对于自己在课程视频中没听懂的地方了然于心，课堂提问、回答问题和研讨，也更加有的放矢，课堂中比较注重解决课程中的疑难问题、巩固课程知识。或者加强课程知识的应用，课堂效率大大提升。

（2）实现个性化学习。

在翻转课堂教学中，学生的主体地位再次被强调，学生在学习过程中学习进度基本由自己掌控，自己安排学习节奏，整体比较轻松自在，不需要像在传统集体课堂教学中那样担心没有听清某个内容而时刻高度紧绷神经。在翻转课堂教学中，学生的学习时间、空间都比较自由，没有统一的要求和严格的限制，无论是在家里，还是在宿舍，抑或是在自习室，都可以进行线上学习，学习环境比较自在，学习状态较为轻松。在线上学习中，学生可以自己控制音量、调整播放倍速，或者拖拉进度条，可以根据自己的学习情况直接跳过一些已经滚瓜烂熟的知识，同时也要反复听、看比较复杂的学习内容，在关键地方按暂停键，暂停后利用这个时间做好笔记，认真思考，或查找资料来帮助自己理解和消化知识，在这个过程中，学生是主动建构知识的主体，能够有更多的知识收获。

此外，在翻转课堂教学中，学生主动提问的意识更强，积极性更高，可以向老师提问，也可以与同学讨论、交流，这样愉悦的教学氛围能够使学生作为学习主体真正参与到教学活动中，从而提高教学的有效性，真正解决学生的问题。

（3）使学习中互动更频繁。

课堂互动频繁是翻转课堂教学最主要的特点之一，也是其得以发展的一大优势，频繁的互动在师生之间和学生之间都能体现出来。

在翻转课堂教学中，教师摆脱了传统体育教育模式中作为讲授者和灌输者的角色，而是作为学生学习的指导者发挥指导作用，这样一来，教师就不必花大量的时间去讲授教学内容，而要将主要精力放在与学生的互动上，为学生答疑解惑，解决他们学习中的问题。学生小组在合作学习中也需要教师参与互动，对小组学习进行指导。为提高课堂指导效率，教师可以记录不同学生提出的问题，对于普遍性的问题，可以集中解答，对于个别性的问题，以个别指导为主，或者组织小组学习互助活动，让学习水平较高的学生为学习进度较慢的学生解答疑惑，这样可以促进同学之间的互动和交流，建立深厚的同学友谊，使课堂氛围更融洽。另外，教师也可以开设小型讲座来专门为有相同疑惑的学生答疑，这样可以帮助学生尽早解决问题，开始下一步的学习。

此外，教师用更多的时间为学生答疑解惑时，也能在课堂上对学生之间的沟通、交流、小组学习过程进行观察。学习小组的划分一般是教师精心安排的，或者是学生自愿组成的，学习小组的学习氛围一般是非常活跃、融洽的，既有平等的交流，也有激烈的争论，教师通过观察便能发现这种学习方式对学生来说何其重要，对提高课堂教学效果来说何其有效，这样教师便会对学生充满信心。

当学生意识到自己作为学习主体的角色和地位被教师重视，而且学习小组的合作学习成效得到教师的认可时，便会深刻地察觉到教师已不再是原来下达指令、灌输知识的"喂食者"，而是引导他们学习的重要人物，是不可缺少的指导者。教师为学生答疑解惑时，用平和的语气和民主的方式，使学生感到平等、亲切，这样学生便能丢掉刻板印象，积极主动地询问教师，与教师探讨问题，甚至对教师的解答提出合理质疑，师生在融洽的氛围中保持互动，解决学习上的问题，能够更好地促进学习任务的完成和学习目标的实现。而且学生不会认为完成学习任务是一个艰难的过程，反而会因而与教师、同学的互动而感到轻松，从这个角度来看，翻转课堂教学过程显得更有意义，无论对教师还是对学生，都是很难忘的。

（4）提升教师的业务能力。

翻转课堂教学对提升教师的业务能力具有重要意义，具体体现在以下四个方面：

第一，为了更好地开展翻转课堂教学，课程组教师要集体备课，集体完成教学过程的设计，尤其是要设计好教学内容，录制课程视频，在这个过程中课程组的教师可以相互学习、相互交流经验，提高翻转课堂教学设计能力。

第二，教师要以学生为中心完成教案的编写，这有助于促进教师教学理念的更新和教案编写能力的提升。

第三，教师对翻转课堂教学的设计需要具备知识重构的能力，同时还要提升信息化素养，从而基于单元知识点去制作直观生动、准确精练的教学视频。

第四，在翻转课堂教学中，教师作为指导者和引导者要具备良好的实践指导能力和课堂管理能力，因而随着翻转课堂教学的实施与深入，教师这些方面的能力也能得到相应的提升。

2. 体育教育中采用翻转课堂教学模式的注意事项

（1）营造体育教学信息化环境。

从目前的体育教学状况来看，体育教学的模式创新是未来的发展趋势。而在翻转课堂的模式下，学生成为学习的主体，学生需要在网络的帮助下进行各种教学资源的学习和利用。所以对于体育老师来说，应该充分利用信息化环境，更好地帮助学生进行学习。例如，学校应该加强全校的网络覆盖，打造适合学生进行翻转课堂学习的环境，对于体育老师而言可以选择录制教学视频，给学生提供合适的学习教具。在学校和老师的相互努力下，为学生营造体育教学信息化环境，提高学生的学习效率。

（2）注意安全防护。

体育课程往往离不开学生的身体运动，在课堂中学生的身体往往会超过负荷，从而导致意外。尤其是在翻转课堂模式下的体育教学，以学生自主学习探究为主，老师起到辅助和从旁引导的作用。在这样的学习模式中，已经改变了老师讲解示范，学生机械性模仿的教学方式了。所以，在学生的安全问题上，老师更要加以注意，引导学生在探究学习的过程中注意安全防护。与此同时，要充分发挥老师的引导作用，在教学的过程中注意提醒学生规避各种可能导致危险发生的行为，在学生中强调安全防护的重要性，避免意外的发生，保障学生的安全和健康。①

（二）线上线下混合教学模式

体育线上线下混合式教学模式是为了更好地完成教学目标，在人本主义学习理论和建构主义学习理论的指导下，基于线上工具和平台，主要包括课程网络管理平台、音视频实时交互工具、文件上传平台、即时通信工具，以信息技术为手段，对教学资源进行整合和优化，将线上和线

---

① 董有为. 翻转课堂下的体育教学模式改革［J］. 冰雪体育创新研究，2021（14）：45-46.

下的教学环境、教学时间、教学空间、教学方式、教学评价等进行混合，通过线上的直播、录播、慕课、文字加音频、线上互动研讨和线下面对面的课堂教学等多样的形式，师生之间交流互动，使学生掌握学习内容的教学活动程序。该模式具有指向性、可操作性、完整性、稳定性、灵活性等主要特点。① 体育线上线下混合式教学模式的构建如图 3-1 所示。

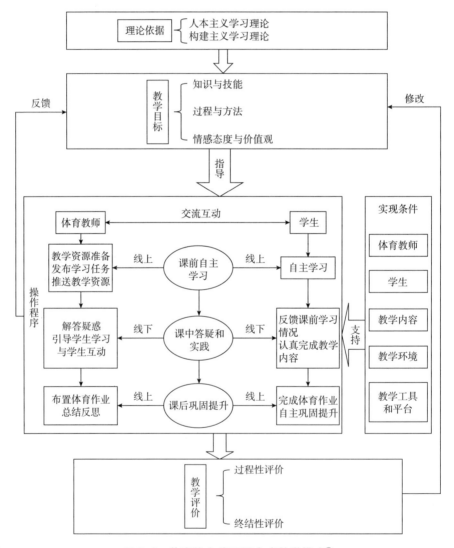

图 3-1　体育线上线下混合式教学模式②

①② 冯川. 初中体育线上线下混合式教学模式研究［D］. 阜阳师范大学硕士学位论文，2022.

在体育教育中构建与实施线下混合式教学模式，要从以下四方面展开：

1. 合理分配线上线下教学时间

体育教学具有鲜明的实践性，体育实践课几乎都在室外操场或室内运动馆进行，无论是在室内还是在室外教学，都属于线下教学，也就是以课堂教学为主。线上教学是线下教学的辅助模式，比如在线下教学开始之前让学生利用多媒体设备进行课前学习，总结学生的问题，然后在线下教学时集中处理问题。在线下教学结束之后，也可以再次利用多媒体课件补充资料。以拓展或完善课堂教学，弥补课堂教学的不足。

相较而言，线下教学占用的时间多一些，线下教学时间以学校安排的体育学时为准，在体育课堂上要贯彻精讲多练的原则，为学生掌握运动技能提供充足的练习时间，使学生有更多的机会去学习和体验，这样体育课堂的作用才能够得到充分发挥。

线上教学时间虽然较少，但更为灵活，学生可以在课余时间完成线上学习，在学生自主进行线上学习的过程中，可以先将学生遇到的普遍性问题进行汇总，然后由体育教师在课堂教学中集中指导和解答，针对学生的个别问题，学生可以在课堂上自主练习环节为其提供指导与帮助。此外，当学生与教师同时在线时，学生也可以在线提问，教师实时解答，这样可以节约课堂教学的时间，将更多的时间留给重难点教学内容。

2. 做好线上线下教学的衔接

关于线上线下混合教学模式，我们可以这样理解，通过线上学习的方式完成课前预习和课后巩固，通过线下教学的方式完成最重要的课中教学。课前、课中和课后是体育教学组织的三个重要环节，三者相互联系、密不可分。学生在课前以线上学习的方式预习将要学习的体育知识与技能，课中教师在课堂上进行讲解、示范教学，同时也要结合学生课前线上预习的实际情况来安排与调整课中教学进度，在课堂上重点解决学生遇到的重难点问题。课后的巩固与延伸也是通过线上完成的，具体需要巩固哪些内容，在哪些方面需要延伸，要根据课中教学情况而定。线上的课前预习、课后巩固都与线下的课中教学内容息息相关，这样线上教学才更具有针对性和目的性。总之，线上线下混合式教学并不是简单地将线上教学与线下教学拼凑在一起，而是要根据教学目标将两者合理衔接起来，使两者相互作用、相辅相成，从而提升教学效果。

3. 提高体育教师制作线上教学资源的能力

在采用线上线下混合式教学模式时，要做好备课环节的工作，无论下节课要讲授体育理论知识，还是传授体育运动技能，体育教师都需要备课，收集相关资料，根据教学目标、学生情况等，进一步加工制作这些收集的资料，经过加工的资料更加有条理，重难点内容也是明确的，能够为学生课前预习、课中学习和课后巩固提供指导。体育教师要具备一定的线上教学资源制作能力，要善于从学生的兴趣爱好出发制作线上教学资源，并能将重难点内容充分融入线上教学资源体系中，从而提升学生自主学习的积极性，并使学生通过有效的课前预习对重难点内容有一定的了解。因此，在体育教师信息化教学能力的培养中，关于线上教学资源制作能力的培养绝对不可忽视。

4. 提高体育教师与学生的信息技术运用能力

在体育线上线下混合式教学模式中，线下教学基本就是面对面教学，线上教学主要是借助电子设备和网络去完成。在线上教学中，教师和学生分别在网络的两端，教师要善于操作网络电子教学设备，为学生传输准确的教学信息，确保学生能够顺利获取信息，这对体育教师的信息技术运用能力提出了一定的要求。例如，进行体育直播教学、为学生推送教学资源、检查学生的课后巩固学习情况等，都需要体育教师熟练操作信息技术。同样，在网络另一端的学生也要学会熟练运用电子学习设备，利用信息技术手段获取自己需要的学习资源或教师传送的课件。只有体育教师和学生都具备了良好的信息技术运用能力，线上教学才能顺利进行，教学效率和效果才能有所保障，线上教学才能充分发挥作用，更好地服务于线下教学。

(三)"动机—四性"教学模式

在学校体育教育中，学生的动机水平直接决定其运动行为的选择、实施及保持。培养与提高学生的体育学习动机与运动参与动机非常重要，在体育教育中教师应将激发学生的动机作为重要任务而重视起来。

如果能成功激发学生的学习动机，提高学生的运动参与兴趣，那么在体育教育中将可能取得事半功倍的效果。

体育教育中认识到培养学生学习动机与运动参与动机的重要性后，要选择健身价值突出、具有一定竞争性并且充满趣味的运动项目或体育活动作为教学内容，而且所选内容应该是丰富多元的，要使学生能根据自身情况而自主选择，使学生发挥自己的主体性。基于这一认识，有学者构建了"动机—四性"教学模式，其中"四性"包括健身性、趣味性、竞争性以及选择性。实施该模式，能够培养学生的身心健康素质，增强学生的竞争意识与竞争力，丰富学生的情感体验，充分发挥学生的自主性。在该模式下进行教学内容的设置时，要体现对不同级别班级学生的不同要求，根据不同班级学生的实际水平而确定有层次性和级别性的教学内容，并注意从初级班到中级班教学内容的过渡性与连贯性。要注意不同级别（初级班和中级班）教学内容的选择体现层次性和连贯性。对初级班学生和中级班学生采用不同的教材进行教学，教材要有难易之分，要尽可能选择实用的教材和教学内容。

在"动机—四性"教学模式下将体育教学过程划分为四个环节：第一环节是诊断，该环节主要采用讲解法与示范法教学，学生主要进行思考性学习；第二环节是引导，以教师指导与帮助为主；第三环节是互动，强调师生交流，教师及时指出学生的错误并帮助改正，第二环节与第三环节学生以合作学习为主；第四环节是竞赛，通过竞赛的形式考评学生的学习情况，学生主要进行对比学习，这一环节能够培养学生的竞争能力。"动机—四性"教学模式在体育教育中的实施程序如图3-2所示。

在体育教育中采用传统的教学模式虽然也能达到教育目标，完成教育任务，但是教育效果却不是令人十分满意的。传统体育教育模式对所有学生都提出了统一的要求，忽视了学生的个体差异，包括体质差异和运动能力差异，而且也不重视学生自主选择的权利，学生没有空间发挥主动性，被动学习的效果并不理想。"动机—四性"教学模式基于对学生个体差异的考虑而进行分级教学，在教学中教师要做好正确的演示或示范，在示范中配合讲解，对技术动作的特点和规律进行讲解与分析，使学生对所学技术的知识信息有直观的认识与了解。学生在练习时，可以自主练习，也可以与同学进行合作练习或集体分组练习。在学生自主练习或小组合作练习时，教师为学生提供关于练习内容与练习方法的自由选择空间，使学生选择适合自己的。关于练习方法的设计与选择，教

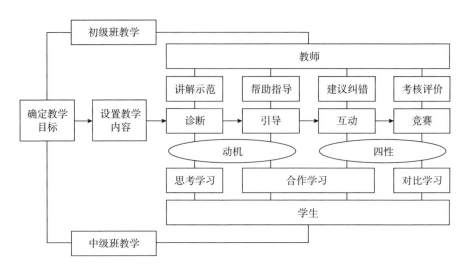

图 3-2 "动机—四性"教学过程①

师要给予指导与帮助,学生在教师的引导下重复练习,最后达到自动化熟练程度。经过一段时间的教与学,教师组织简易比赛来考察学生对运动技术的掌握情况,并客观评价学习成果,及时反馈和改进教学。

"动机—四性"教学模式充分尊重学生的个性,为学生发展个性与自主学习提供了自由空间与良好平台,使学生通过自主学习、选择式学习、合作学习来发挥能动性,培养合作能力与竞争力,帮助学生增强自信,形成体育学习与体育锻炼的持久动力,这对于促进学生身心健康与社会适应能力的提升具有重要意义。

(四)"拓展游戏"教学模式

体育与游戏本身就有很深的渊源,将体育教育与游戏结合起来,以游戏的方式组织体育教育,有助于吸引学生参与,提升学生的学习兴趣,活跃课堂氛围,提高教学效果。因此在体育教育中应将"拓展游戏"教学模式运用其中,充分发挥该模式在增强学生体质和培养学生良好行为习惯方面的积极作用。

下面具体分析"拓展游戏"教学模式在体育教育不同方面的运用。

① 沈浙. 以发展学生身体健康素质为培养目标的体育教学模式的研究与实践 [J]. 运动,2014(6):35-36+115.

1. 在学生体质锻炼中的运用

青少年体质健康水平整体较差是不可分辨的事实，这从学生体质测试成绩中能够很直观地体现出来，而且从学生参加军训时意外事故频发的现象中也能反映出来。学生体质健康水平不高与其缺乏锻炼有直接的关系。学校体育教育是促进学生健康成长的重要教育课程，但很多学生对体育课没有很高的兴趣，而且课余生活中也缺乏锻炼，再加上体质锻炼类内容在体育教学内容中的比例远远不及具体运动项目的技能类内容比例，因此学生的身体锻炼得不到保障，最终导致体质健康状况令人担忧。要改变这一情况，就要注重培养学生的体育兴趣和提高运动参与积极性，游戏迎合了青少年学生的心理需要，对青少年学生的吸引力很强，采用拓展游戏教学模式能够有效培养学生对体育课的兴趣，使学生在体育课上从"被动参与"转变为"主动学习"，而学生积极地参与身体素质锻炼，将有助于改善身心健康状况，提高身心健康水平。

2. 在规范性教育中的运用

游戏都是有规则的，教师设计游戏时，一定要制定明确的游戏规则，提出游戏要求，并说明奖惩方式，强调学生在游戏活动中要自觉遵守规则，按要求完成游戏，并在游戏结束后接受奖励或惩罚。这有助于对学生的规则意识和良好行为习惯进行培养，提高学生遵守纪律的自觉性，这对学生思想道德水平的提升具有重要意义，而道德健康也是健康的一部分，是学生全面健康的重要组成部分。

3. 在课堂结束部分的运用

完整的体育课堂教学由准备部分、基本部分和结束部分三个部分组成，其中结束部分主要是让学生做一些放松性的整理活动，以达到消除疲劳，恢复身体机能的效果。放松活动的形式有很多，而游戏类放松活动对学生而言更有吸引力，学生更愿意以参与游戏活动的形式来结束整堂课。教师设计一些丰富有趣的游戏活动，使学生在游戏中放松身心，调节身体机能与心理，达到消除身心疲劳和提高健康水平的效果。

采用拓展游戏教学模式，对体育教师的游戏设计能力和运用能力提出了较高的要求，在选择游戏时，要考虑游戏的可操作性，要根据教学条件选择可操作性强的简便易行的游戏，尽可能将现有场地器材资源充分利用起来，同时体育教师也可以与学生共同制作一些简易教学工具来满足游戏之需。游戏活动以中小强度为主，否则无法起到缓解身心疲劳的效果，如果强度太大，也会打击学生的参与积极性。另外，体育教师要基于对学校教学条件、客观环境及学生实际情况的考虑而选择与设计教学游戏，提高游戏设计的客观性、科学性和实效性。

第四章

青少年体育锻炼的理论指导和科学保障

　　青少年参与体育锻炼离不开科学理论的指导，如遵循科学的锻炼原则，采用多样有效的锻炼方法，制定与实施合理的锻炼处方，等等。与此同时，为保证锻炼效果，青少年在锻炼中还要及时摒弃错误观念，走出运动健身的误区，树立科学运动理念和健康理念，在运动锻炼中全面补充营养，及时消除疲劳，预防运动损伤，如此才能取得良好的锻炼效果，增强体质，提高健康水平。本章主要就从体育锻炼的原则与方法、科学锻炼处方、走出锻炼误区、提供营养保障和医务监督等方面来研究青少年体育锻炼的理论指导和科学保障。

第一节　青少年体育锻炼的原则与方法

一、青少年体育锻炼的原则

（一）自觉性原则

自觉性原则是指，在体育锻炼过程中青少年应自觉听从教师或指导员的安排，并且具有一定的自律意识，能够自觉、主动地锻炼，将运动目的与运动过程有机联系，青少年还应自觉履行运动计划，并自觉为将要参加的业余比赛做准备。自觉锻炼应成为青少年内化的思想意识，这对青少年坚持参加运动锻炼具有积极意义。

（二）经常性原则

经常性原则是指体育锻炼必须持之以恒才有效果，规律地、长期地进行体育锻炼将对青少年产生深远的积极影响。贯彻经常性原则主要体现为逐渐养成体育锻炼的习惯，自发自觉地进行锻炼，将体育锻炼作为自己日常生活的一部分。经常性地参加体育锻炼，能够有效地促进人体新陈代谢，从而达到增强免疫力，提高健康水平的目的。

健康是一种生命状态，也是一个动态的过程，要想达到这一状态，就需要不断地、有计划地进行锻炼。比如，从小培养规律的生活作息习惯，这对养成体育锻炼的习惯是非常有利的条件。学校合理安排早操、课间操、班级体育锻炼以及课外兴趣小组的体育活动，也有助于培养青少年的体育兴趣，使其逐渐养成经常锻炼身体的意识和习惯。

（三）动机激励原则

动机激励原则是指通过有效激发青少年的主动性，增强其自觉进行锻炼的动机的原则。贯彻这一原则，要通过各种方式和途径调动青少年体育锻炼的积极性和主动性，增强其锻炼的内驱力，从而使其能够独立、自主、创造性进行锻炼，并能够在锻炼过程中进行自我调控、自我疏导，做积极归因，提高锻炼效果。

青少年在体育锻炼中遵循动机激励原则的理论依据主要有以下两点：

第一，成功动机是重要的原动力。通过体育锻炼，能够很好地提升青少年的自信心和自我效能感，这对青少年早期的心理建设具有重要意义。通过不懈努力，青少年克服困难、完成锻炼任务，这有助于使青少年实现自我价值，逐渐建立正确的自我认知，并进行良好的自我评价。对于青少年而言，获得他人的认可，是推动他们坚持锻炼和不断迎接新挑战的强大动力。青少年能够克服惰性和困难，坚持锻炼，与其强烈的成功动机密不可分。在这一动机的驱使下，青少年付出巨大的努力，深刻认识到只有不断坚持，才能有好的结果。

第二，通过持续激励保持斗志。青少年进行体育锻炼会面临身体和心理的双重挑战，包括运动负荷、动作难度以及运动过程中的耐力考验等，这些挑战可能会使青少年退缩，甚至在失败后失去信心直至放弃。这就需要对青少年进行耐心引导，不断激励青少年保持良好的动机，肯定他们的努力成果。对于青少年来说，感受到阶段性的成就是莫大的鼓舞，是继续接受挑战、迎难而上的巨大动力。因此，教师或指导员要持续地激励青少年，给他们正向的引导和积极的反馈，帮助青少年保持对运动的兴趣和进取心，从而坚持锻炼下去，不断获得理想的锻炼效果。

（四）FIT 原则

FIT 是 Frequency、Intensity 和 Time 三个英文单词的字母组合，三个单词的中文意思分别是次数、强度、时间。青少年参与体育锻炼，必须做好对练习次数、练习强度以及练习时间的合理监控，这样才能取得理想的锻炼效果，有效增强体质。

1. 练习次数

青少年要安排好每周的锻炼计划，确定一周要完成几次健身，比较适宜的次数是一周 3 次左右，次数太少不利于良好锻炼效果的获得，次数太多又容易造成疲劳，影响学习。

2. 练习强度

青少年在体育锻炼中可以通过心率测量来控制运动强度。一般来说，控制在最大心率的 60%~80% 是比较适宜的。青少年在锻炼中应该根据自己的身体情况逐步增加练习强度，以不断提高机体的适应能力，提高锻炼效果。如果一直按照一种强度锻炼，那么体质健康保持在一定水平后就难以继续提升。

3. 练习时间

这里的练习时间指的是每次运动持续多长时间。一般来说，青少年参与健身锻炼，一次锻炼时间持续 30~60 分钟为宜。相对来说，对练习时间的控制比对运动强度的控制容易一些，合理控制练习时间有助于促进心肺耐力的提升和锻炼效果的优化。

（五）目标性原则

目标性原则是指对即将进行的体育锻炼有明确的目标，并始终以该目标为指引进行锻炼。贯彻目标性原则，需对以下四种情况加以注意：

第一，要检查青少年的体能情况，包括身体形态、身体机能和运动素质，全面了解青少年的体质情况，判断不同青少年体育锻炼的起点，从人体生长发育规律出发对体育锻炼目标加以确定，使青少年清楚通过体育锻炼要达到的具体目标。

第二，对可行性强的体育锻炼计划予以制订，具体要求从青少年的体能状况、锻炼目标出发加以设计与安排，在计划中进行运动阶段划分，提出不同阶段的具体锻炼目标和锻炼方法手段。

第三，科学诊断锻炼效果，通过锻炼效果检验运动计划、锻炼方法是否科学、合理，是否能够使青少年达到预期目标，并通过体能测试检验目标达成情况。

第四，如果通过体能测试发现青少年达到了阶段性锻炼目标，则继续按原计划执行。如果测试结果显示距离预期的阶段性目标还比较远，则要客观分析原因，及时调整计划，改进锻炼方法。

（六）循序渐进原则

处于生长发育阶段的青少年体质还较为脆弱，在进行体育锻炼时尤其要注意运动安全，无论是运动难度还是运动强度，都应由简到难循序渐进地进行。否则容易使机体出现劣变，产生不适症状，影响健康。

体育锻炼切忌急于求成，要注意以下三点：

第一，根据机体能力安排运动负荷，运动结束后身体感到适度疲劳，这说明运动负荷适宜。

第二，循序渐进地实施锻炼方法和手段，先采用简单容易的方法，然后逐渐采用较难的复杂的方法，使机体逐渐提升适应外界刺激的能力，提升机体的应激水平。

第三，每一次体育锻炼都要循序渐进，从热身开始，然后增加负荷，向正式运动过渡，最后再减少负荷，进行放松活动。

（七）持之以恒原则

青少年体质的改善与健康水平的提升是一个长期的过程，需要坚持不懈地进行体育锻炼才能达到改善身体形态、提升身体机能水平、促进运动素质协调发展等目的。因此青少年要养成长期坚持体育锻炼的好习惯，不能半途而废，有始无终。

人体生物适应具有长期性，基于这一规律而提出的持之以恒原则要求青少年长期坚持体育锻炼，在锻炼中改善每个系统、器官，完善生理功能，从而产生良好的生物适应，如果只靠一朝一夕的运动或3分钟热度是无法实现增强体质和促进健康目标的。

体育锻炼的效应具有不稳定性，如果断断续续地运动，体育锻炼的效果就会慢慢消失，甚至会出现体质水平不及运动前的情况。因此持续锻炼是非常重要的。

贯彻持之以恒的体育锻炼原则，需要注意以下三点：

第一，运动动机要明确、正确，明确合理的动机能够激发青少年的斗志，使青少年长期坚持体育锻炼。如以减肥为动机的青少年能够在强烈动机的推动下坚持锻炼，从而获得健康而优美的身体形态。

第二，制订恰当的运动计划，能够对青少年的运动心理产生影响，对青少年的体育锻炼行为进行调控，督促青少年行动。

第三，青少年结伴进行体育锻炼，在有人陪同的情况下个人不易放弃，同伴之间相互加油鼓励，一起坚持下去。结伴练习也能创造出很多新的锻炼方式，增加锻炼的趣味性。

（八）区别对待原则

青少年的生长发育规律基本相同，即使存在生长发育的程度差异，也基本保持在合理范围内。但青少年的体质状况与其他年龄群体相比，差异就比较明显。因此在体育锻炼中要根据青少年的生长发育特点安排运动事宜，体现出与其他群体体育锻炼不同的一面。与此同时，还要观察青少年在合理范围内的体质差异和其他方面的区别，做到区别对待，不能"一刀切"。

不同青少年参与体育锻炼的目的可能有所区别，如有的青少年为了强身健体，有的为了减肥，有的为了长个等，对于持不同目的进行体育锻炼的青少年要区别对待，根据不同的锻炼目的为他们合理安排科学有效的锻炼内容与方法。

需要注意的是，有的青少年因为先天遗传或后天受到不良环境因素的影响而体质较弱，也有一些身体发育不健全的特殊群体，对于这部分青少年，我们尤其要注意区别对待，了解他们的身体情况和健康需求，在体育锻炼中对症下药，具体要求如下：

第一，对特殊青少年群体的身心状况进行分析，了解其需求，从而制订特殊的运动与康复计划。

第二，尊重青少年的体质差异，为体质特殊群体设计切实可行的锻炼方法手段。

第三，对参加体育锻炼的体质特殊群体，教师要多鼓励，多用正面语言暗示，帮助他们提升自信。

第四，要长期抓好特殊青少年体育锻炼工作，不能"放弃"这部分青少年，争取使他们通过坚持运动达到正常体质水平。

（九）安全性原则

安全是维持学校体育教学正常秩序的保证，因此在学校体育锻炼活动的组织安排中必须贯彻安全性原则,将青少年的生命安全放在首位。

增进健康是青少年体育锻炼的根本目的,预防伤害事故,保证青少年的安全是实现这一目的的前提条件。在体育锻炼中,有时会因为场地器材使用有误、热身不足、保护帮助不及时、锻炼方法不科学等原因而导致运动伤害事故发生,这是必须高度警惕的因素。

在体育锻炼中贯彻安全性原则要注意以下四点:

第一,制订安全周密的计划,运动前检查场地器材是否有安全隐患,针对青少年的具体情况设计安全有效的锻炼方法。

第二,热身准备是体育锻炼的第一步,通过热身,使身体机能更快进入活动状态,为正式锻炼打好基础。

第三,加强对青少年的保护,在青少年运动时提供必要的帮助,这需要发挥体育教师、体育骨干或体育委员的作用。

第四,在日常体育教学中加强安全教育和运动损伤防治的理论教学,提高青少年的安全意识,使青少年有意识地预防损伤,并掌握基本的损伤应急处理方法。

(十) 全面发展原则

青少年参与体育锻炼,既要改善身体形态,又要锻炼身体机能,同时还要提升身体素质,这样才能使体能全面发展与提升健康水平。因而在体育锻炼中要贯彻全面发展原则,促进青少年各方面身体因素的协调发展。

贯彻全面发展的原则,要求在体育锻炼中注意以下五点:

第一,体育锻炼方法丰富,手段多样,尽可能通过采用丰富多样的运动方法和手段来全面锻炼各方面体能素质。

第二,分清体育锻炼中的主要系统和辅助系统,保证机体各系统锻炼的全面性,如以大肌群力量锻炼为主时,小肌群肌肉力量锻炼作为辅助系统同样不可忽视。

第三,合理配置不同锻炼内容和方式,将趣味性练习穿插于内容枯燥的练习中,将田径类基础锻炼内容穿插于其他运动项目的体育锻炼中,提高身体活动能力。

第四,注意全身运动,局部练习时间不宜过长,以免因局部负荷过大而造成运动损伤。

第五,在锻炼身体的同时塑造健康心理素质,促进身心健康。

二、青少年体育锻炼的方法

(一) 重复锻炼法

重复锻炼法是指重复同一个练习且安排相对较为充分的间歇时间的锻炼方法。通过多次重复某一练习，一方面可以增加运动量，保证运动负荷的充足性；另一方面可以提高对单一动作的熟练程度，不断巩固某一动作的练习效果。

采用重复锻炼法时，要求青少年在一定强度状态下完成锻炼任务，有效完成每次练习。一般来说，重复锻炼法具有间歇时间相对充足的特点，为了保证磷酸原供能系统的再合成，间歇时间一般为 3～5 分钟。如果间歇时间过短，有可能发生供能系统转移的情况，不利于锻炼的顺利进行。

(二) 变换锻炼法

要想提高体育锻炼的质量和效果，需要在锻炼时对运动的内容、形式以及负荷等进行变换调整，在调整之后继续锻炼的方法即为变换锻炼法。采用变换锻炼法能取得不错的效果。

例如，通过变换与调整运动形式，能够激发青少年的兴趣，促进良好运动效应的产生。通过变换与调整运动内容，能够促进青少年身体素质的全面发展和综合技能的提升。通过改变运动负荷，能够使机体适应不同负荷刺激，促进机体组织系统功能的提升。

为了提高变换锻炼法的适用性，要根据锻炼目的灵活改变运动因素，除改变运动形式、运动内容和运动负荷外，还能改变运动时间。变换锻炼法对吸引青少年积极参与体育锻炼具有重要的意义和作用。如果在体育锻炼中不断重复单一的运动内容，采用少数几种运动形式与方法，那么青少年就很容易厌烦和放弃，而如果可以对运动的形式、内容、方法，或者运动器材、时间等进行适度变换与灵活调整，就能有效激发青少年的参与兴趣和积极性，从而提高运动效果。

在体育锻炼中应用变换锻炼方法，要注意在不同运动阶段对运动负荷的调整。

准备阶段：这一阶段运动负荷较小，主要以热身为目的，为正式运动做好身心准备。

主体部分：在这一部分逐步增加运动负荷，达到良好的锻炼效果。

整理部分：此部分再次调整运动负荷，较主体部分的运动负荷小一些，通过一些整理放松练习来缓解疲劳，促进体能恢复。

（三）游戏锻炼法

游戏锻炼法是以体育游戏的方式进行锻炼的方法，有明确的游戏规则，练习者在规则范围内进行主动性和创造性的活动，从而完成游戏任务，达到预期目标。这一方法具有较强的趣味性，能在一定程度上吸引青少年的注意力，激发其参与体育锻炼的兴趣。

游戏锻炼法是在游戏环境下实施的，游戏环境是不断发展和变化的，青少年在遵守游戏规则的同时需要在不同的环境下灵活应变，将自己的能动性和创造性充分发挥出来。在体育锻炼中可以采用多种多样的游戏内容与形式，使不同体质水平、运动水平的青少年都可以找到适合自己的游戏方法，针对不同的锻炼内容也能灵活设计游戏练习方式，可见游戏锻炼法的应用非常灵活，适应性较强。

在体育锻炼中设计与选择游戏，要参考运动目的、运动主体的特点以及运动内容等诸多因素，要有针对性地设计与选用游戏，提高游戏锻炼的科学性。设计游戏时，在游戏命名环节要设计能够吸引青少年的、具有高度概括意义的游戏名称，明确提出游戏规则与要求，游戏实施方法必须简便易行。在游戏实施中可以根据需要安排一名裁判员，裁判员行使职责时必须公正公平，从而培养青少年的公平竞争意识和遵守规则的习惯。

（四）比赛锻炼法

比赛锻炼法指的是青少年在充满对抗和竞争的比赛环境下进行健身锻炼的方法。这种锻炼方法对青少年的要求比较高，不仅包括对身体素质、运动能力的要求，还包括对心理素质、意志品质、道德品质的要求。青少年参加趣味性体育比赛，能够发现自己在体能或技能上更大的潜能。在比赛中，青少年要充分发挥自身能动性和潜能，在集体或配合类的体育比赛中要与同伴相互配合，协同完成任务，争取集体的胜利。

需要注意的是，比赛练习和真正的体育竞赛是有区别的，比赛练习没有明显的功利性，主要是为了改善青少年的身体机能，提高其身体素质水平，促进体质健康，并使青少年积累实战经验，促进其竞争与合作意识的提高，培养其自信心和集体主义精神。而正式的体育竞赛主要就是为了取得比赛的胜利，有明显的功利性。但是也不能完全淡化比赛练习的功利性，带有竞争性的功利意识能够激发青少年的参与热情与积极性，促进青少年在比赛和竞争中有更好的发挥。

采用体育比赛方法进行锻炼时，需要注意如下事项：

1. 控制情绪，安全第一

体育比赛具有竞争性，即使是以强身健体为主要目的的比赛也是相对激烈而刺激的。青少年在比赛中要将自己的情绪控制好，调整心态，把握好节奏，在身心承受最大负荷能力的范围内发挥身体水平，不要冒失与逞能。如果在比赛中感觉身体不适，及时调整状态，必要时退出比赛，及时休息或治疗。

2. 灵活运用比赛规则

体育比赛作为一种比较新颖的健身锻炼方法，在增强体质、愉悦身心、锻炼意志、培养自信心、促进社交等方面发挥了重要作用。要使这些积极作用得到充分发挥，就应该保证比赛活动的科学性、规范性及有序性，因此要严格按照一定规则组织比赛活动，可适当简化正式比赛规则，降低要求，并将一些有趣的规则融入其中，使比赛规范而不失趣味。

（五）组合锻炼法

组合锻炼法指的是将两种或两种以上性质有差异的练习组合起来循环性地依次练习的方法，因而也被称作"循环练习法"。在青少年体育锻炼中，组合锻炼法是一种比较常见的方法，其特点主要表现在以下三个方面：

（1）有多种练习手段，能比较全面地促进身体健康。

（2）依次练习的方式更有助于调动青少年的兴趣与积极性，达到一定的练习量能够促进增强体质。

（3）一般由青少年独立完成组合练习内容，能够促进其能动性地发挥和自主锻炼能力的提升。

组合锻炼方法的具体运用形式有两种：一种是流水式的组合练习，另一种是分组轮换式的组合练习。不管采用哪种形式，都有助于弥补单一锻炼方式的片面性，不同运动内容产生不同的健身功效，各种运动内容在健身功效上相互补充与促进，从而促进青少年身体健康。采用组合法也能避免单一锻炼方式和内容的枯燥乏味，营造积极活跃的体育锻炼氛围，提高青少年锻炼的积极性。

在体育健身锻炼中采用组合方法，需要注意如下事项：

1. 根据需要选定练习内容

青少年根据自己的锻炼需要、锻炼目的而选择两种或两种以上不同性质的练习内容，在锻炼过程中将这些内容搭配起来。所选练习内容要有助于促进身体各部位体能素质的协调发展，最终促进身体健康水平的整体提升。

2. 合理安排练习次序

将两种或两种以上的练习内容搭配起来共同练习时，要注意确定先练什么，后练什么，然后平均分配各项内容的练习组数、次数和时间，提高练习的有序性，提高练习效率。除平均分配各项练习内容外，也可以有主次之分，确定中心练习内容，然后围绕中心展开其他练习，中心内容练习时间长一些，其他辅助性练习内容所占时间较短，要重视主次之分、次序合理。

3. 合理安排练习间歇

采用组合练习方法时，要将下面两种间歇时间安排好。

（1）单个练习的间歇时间。

这类间歇时间通常比较短，在间歇时间做一些轻松的活动，以积极休息为主，恢复体力，活动内容要有承上启下的作用，以顺利进入下面的练习。

（2）组合练习的间歇时间。

这类间歇时间可稍微长一些，使青少年可以休息好，消除疲劳。

第二节　青少年体育锻炼处方

一、体育锻炼的运动处方概述

（一）运动处方的概念

"运动处方"（Exercise Prescription）这一术语是 20 世纪 50 年代由美国生理学家 Peter Karpovich 提出的，1969 年世界卫生组织正式采用"运动处方"这一术语，进而得到了国际上广泛认可，其概念和内容得到不断完善和充实。根据运动处方进行体育活动，既安全可靠又有计划性，可在较短时间内起到健身、预防疾病和康复疾病的作用。

运动处方是由运动健康指导师、康复医师、康复治疗师、社会体育指导员或临床医生等专业人员依据参加体育活动者的年龄、性别、个人健康信息、医学检查、体育活动的经历，以及心肺耐力等体质测试结果，根据健身目的，用处方的形式，制定的系统化、个性化的体育活动指导方案。运动处方的基本内容包括运动频率（Frequency，F）、运动强度（Intensity，I）、运动方式（Type，T）、运动时间（Time，T）、总运动量或能量消耗目标（Volume，V）和运动处方实施进程（Progression，P）6 项基本内容，即运动处方的 FITT-VP 原则。在运动处方中还应明确运动中的注意事项及运动中的医务监督力度。在实施过程中应注意观察体育活动者的反应和健身效果，及时调整运动处方。

（二）运动处方的特点

运动处方的特点主要表现在以下三个方面：

1. 个体化

在制定运动处方之前首先了解锻炼者的年龄、性别、个人健康信息、体育活动的经历、医学检查，以及心肺耐力、身体成分、肌肉力量、肌肉耐力、柔韧性等体质测试结果，综合判断锻炼者的健康状态、体力活动现状、有无疾病或危险因素等具体情况之后，有针对性地制定运动处方。

2. 系统化

运动处方的基本内容包括运动频率、运动强度、运动方式、运动时间、总运动量和运动处方实施进程 6 项，以及运动中的注意事项和运动中医务监督的力度。

3. 安全有效

按照运动处方有计划地进行健身锻炼，能够以较短的时间、适宜的运动负荷，获得较大的锻炼效果，有效地提高身体机能，达到预防和治疗某些慢性疾病的目的。同时显著减少运动伤病的发生率，达到事半功倍的效果。

（三）运动处方的分类

随着运动处方应用的不断扩大，运动处方的分类方法也在不断改进，采用不同的方法，可将运动处方分为不同的种类，根据锻炼人群可将运动处方分为健身性运动处方、慢病预防性运动处方和康复性运动处方；根据锻炼目的可以分为心肺耐力运动处方、力量运动处方、柔韧性运动处方。在运动疗法领域内，使用辅助用具、穿戴假肢、步态训练、操纵轮椅的训练等，也都有相应的运动处方。

1. 根据锻炼人群分类

（1）健身性运动处方。

为了促进身体健康，每一个成年人应每周至少完成 150 分钟中等强度的有氧运动，或 75 分钟较大强度的运动、2~3 次抗阻练习、2~3 次柔韧性练习。在普惠性指导的基础上，针对不同年龄段、不同性别、不同体力活动水平、不同机能状态和不同运动环境制定出运动处方是有必要的，健身性运动处方的主要目的是指导锻炼者根据自己的实际情况，采取适当的体育活动进行科学锻炼，以便安全有效地提高健康水平、改善机能状态，增强"健康体适能"（Health Related Physical Fitness），预防诱发心血管疾病的危险因素，如高血压、血脂异常、高血糖、肥胖症等的发生，实现零级预防的目的。健身性运动处方广泛应用于学校、社区、健身机构、疗养院、科研机构等场所。健身性运动处方主要由体育教师、社会体育健身指导员、私人健身教练和运动处方师等来制定。

（2）慢病预防性运动处方。

针对有不同心血管疾病危险因素的锻炼者，如高血压前期或早期、血脂异常、糖尿病前期或早期、轻度肥胖症的锻炼者，制定个体化的运动处方，主要目的是逆转心血管疾病危险因素或延缓其发展，预防心血管疾病的发生，实现一级预防的目的。慢病预防性运动处方用于学校、社区、健身机构、健康管理机构、疗养院、科研机构等处。慢病预防性运动处方主要由接受运动人体科学专业培训的体育教师、运动健康指导员、社会体育健身指导员、私人健身教练和运动处方师等来制定。

（3）康复性运动处方。

康复性运动处方的对象，是经过临床治疗达到基本痊愈，但遗留有不同程度身体机能下降或功能障碍的患者，如冠心病、脑卒中患者、手术后病人，以及已经得到一定控制的慢性病患者，如高血压、血脂异常、糖尿病、肥胖症患者等。这类运动处方的目的是，通过运动疗法帮助患者提高身体机能，缓解症状，减轻或消除功能障碍，预防疾病加重或者出现并发症，减少疾病的危害；通过运动处方的实施可以防止伤残和促进功能恢复，尽快提高患者的生活自理和工作能力，提高生命质量，延长寿命，降低病死率，实现二级和三级预防的目的。康复治疗性运动处方主要用于综合医院的康复科、康复医疗机构，健康管理机构，也用于社区康复工作中。康复治疗性运动处方主要由康复医师、康复治疗师和运动处方师来制定。

2. 根据锻炼作用分类

（1）心肺耐力运动处方。

心肺耐力运动处方，以提高心肺耐力为主要目标。早期用于发展运动员的心肺耐力，以提高运动员的训练水平。20世纪60年代，心肺耐力运动处方在急性心肌梗死患者被抢救成功以后，或心脏搭桥术后的康复锻炼中发挥了重要作用。这类病人按照运动处方进行系统的锻炼，可以缩短住院时间，更快地恢复工作能力，故又被称为心脏康复运动处方。20 世纪 60 年代以后，心肺耐力运动处方除用于急性心肌梗死康复之外，已经广泛用于心肺耐力低下（如长期静坐少动人群）、慢性心血管疾病（如冠心病、高血压）、代谢疾病（糖尿病、肥胖症）、长期卧床引起心肺功能下降等疾病的预防、治疗和康复。大批研究证实，心肺耐力是体质健康的核心要素，提高心肺耐力可以减缓心血管疾病等多种疾病发病率和死亡率。在全民健身计划实行的过程中，心肺耐力运动处方被用于科学健身的指导，以提高锻炼者的心肺耐力、维持合理的身体成分、改善代谢状态，缓解或配合药物治疗高血压、血脂异常、糖尿病等疾病，预防动脉粥样硬化性疾病的发生。

（2）力量运动处方。

力量（抗阻）运动处方主要的作用是提高肌肉力量、耐力和爆发力。肌肉力量的增加可以降低心血管疾病的危险因素、全因死亡率和心脏病发作的概率。通过规律的抗阻练习，锻炼者不仅可以提高肌肉力量，同时机体中与健康相关的生物标志物也会发生一系列明显变化，包括改善身体成分、血糖水平、胰岛素敏感性以及高血压前期到早期患者的血压。锻炼者借助抗阻练习不仅可以增加肌肉力量和体积，同时还可以有效地增加骨密度和骨矿物质含量，这样做还可能预防、减缓，甚至逆转骨质疏松症患者的骨质流失。通过抗阻练习，可以使萎缩肌肉的力量得到提高、肌肉横断面和体积加大，达到改善肢体运动功能的作用。

力量运动处方既可以用于普通健身者增强肌肉力量和耐力的训练中，也可以用于增肌者（如健美者）、需要进行体重管理者（如肥胖症）和老年人，特别是老年性肌少症，还可以用于因伤病导致肢体长期制动者、长期卧床者等的失用性肌萎缩的康复中，或身体发育畸形的矫正训练中等。

力量运动处方的出现晚于心肺耐力运动处方，是在 20 世纪 80 年代以后逐步完善起来的。力量运动处方的发展过程中，明确了骨骼肌对抗阻训练的适应性结果、抗阻训练的神经适应性、抗阻训练的心血管适应性、抗阻训练的内分泌反应、抗阻类运动的代谢变化以及因抗阻训练造成结缔组织和骨骼改变的意义等，进一步明确了抗阻训练是"利用阻力对抗肌肉的活动，可以增强肌肉力量、爆发力、肌肉耐力和增加骨骼肌体积"。

（3）柔韧性运动处方。

柔韧性运动处方是以柔韧性练习为主要内容，根据个体化的训练目标来提高关节活动幅度，提高韧带的稳定性和平衡性，减少锻炼者的肌肉韧带损伤、预防腰痛，缓解肌肉酸痛的运动处方。柔韧性练习是适量运动的组成成分，在全民健身运动中，可用于提高身体的柔韧性、预防随年龄增长而导致的关节活动幅度下降。在康复医学中，通过各种主动、被动的柔韧性练习，使因伤病而受影响的关节活动幅度得以维持、增加或恢复到正常的范围，同时起到改善肢体运动功能的作用。

（四）运动处方的制定步骤

1. 全面了解处方对象的体质和健康状况

在制定运动处方之前，一定要通过口头询问、问卷调查、医学检查、体质测试等途径，了解处方对象的体质和健康状况。需要了解的内容有身体发育情况、家族史、疾病史、目前伤病情况和治疗情况、近期身体健康检查结果、体质测试结果、运动史、近期锻炼情况等。

全面了解处方对象的体质和健康状况的目的是：

（1）确定运动处方的目的。

通过对处方对象的全面了解，有助于确定运动处方的目的。

（2）进行危险分层，明确运动功能测试方案及医务监督的力度。

通过全面的了解、确定处方对象的病史、医学检查等情况，了解有无运动禁忌证，或暂时禁忌运动的情况，便于确定心肺耐力及其他运动功能的测试方案，以及测试和运动中医务监督的力度，以保证在心肺耐力测试和锻炼过程中的安全。

2. 确定运动处方的目的

（1）为了预防疾病、增强体质，如确定锻炼的目的是提高心肺耐力、增强肌肉力量、提高柔韧性。

（2）为了减轻或延缓疾病的危险因素，如为减少多余的脂肪、控制血压、血糖、血脂、消除或减轻功能障碍等。

（3）疾病或功能障碍的康复治疗，因运动处方的目的不同，须采用不同的运动功能评定方法，按照不同的原则制定运动处方。

3. 健康体适能的测试与评定

健康体适能测试与评定是制定运动处方的依据。重点检查心肺耐力及相关器官的功能状况。例如，处方目的是为提高心肺耐力，或控制体重、血压、血糖、血脂等，应做心肺耐力测试与评定；处方目的是为增强肌肉力量和耐力，需要做肌力的测定；处方目的是为提高柔韧性，应做关节活动幅度的测定；以肢体功能障碍康复为目的时，需做临床医学检查、关节活动幅度评定、肌肉力量评定和步态分析等。

4. 制定运动处方

功能检查的结果是制定运动处方的依据。制定运动处方时，要充分体现个体化特征。除功能评定结果外，还需考虑处方对象的性别、年龄、健康状况、锻炼基础、客观条件、兴趣爱好等，安排适当的锻炼内容。

5. 指导实施运动处方

在按照运动处方开始进行锻炼之前，处方者应帮助处方对象了解处方中各项指标的含义，对如何实施处方提出要求。处方对象第一次按照处方锻炼时，应当在处方制定者的监督指导下进行，让锻炼者通过实践了解如何实施处方；有时需要根据锻炼者的身体情况，对处方进行适当的调整。进行慢性疾病、肢体功能康复锻炼时，最好在专业人员指导下进行，根据锻炼后的反应，及时调整运动处方。

6. 监督运动处方的执行情况

通过检查锻炼日记、定期到锻炼现场观察，或请处方对象定期（每周一次或两周一次）到实验室在监测下进行锻炼，对其执行运动处方的情况进行监督。有研究表明，在监督下进行锻炼，不仅可取得较好的锻炼效果，还可以根据处方对象功能的提高，及时调整处方，以取得更好的效果。

7. 定期调整运动处方

按照运动处方进行锻炼，一般在 6~8 周后可以取得明显效果。此时需要再次进行功能评定，检查锻炼的效果，调整运动处方，以保证取得更好的锻炼效果。

（五）运动处方的基本内容

根据处方对象的个人情况，明确了处方的目的，完成相应的功能评定之后，进入运动处方的制定。一个完整的运动处方应包括处方对象的基本信息、医学检查及健康体适能测试结果与评定、锻炼目标、处方的基本原则（FITT-VP）和注意事项等内容。

1. 处方对象的基本信息

处方对象的基本信息包括姓名、性别、年龄、运动史等基本信息。

2. 医学检查及健康体适能测试与评定

在医学检查结果中应明确有无代谢异常及程度，有无心血管疾病的症状及体征，有无已经明确诊断的疾病。健康体适能测试结果应明确心肺耐力的等级、体重指数（Body MassIndex，BMI）或体脂百分比、主要肌群的力量及等级，以及身体柔韧性测试结果及评价。

3. 锻炼目标

制定运动处方之前，首先应当明确锻炼的目标，或称为"近期目标"。耐力运动处方的锻炼目标，通常是提高心肺耐力、减脂、降血脂，降低冠心病风险因素，防治高血压、糖尿病等。

力量和柔韧性运动处方的目标，应当具体到将要进行锻炼的部位，例如，加大某关节的活动幅度，增强某肌群的力量等。力量运动处方中还需要确定增强何种力量，如是向心力量还是离心力量，以便采用不同的练习方法。

在康复锻炼运动处方中，需要考虑康复锻炼的最终目标，或称为"远期目标"。例如，达到可使用轮椅进行活动、使用拐杖行走、恢复正常步态、恢复正常生活能力和劳动能力、恢复参加运动训练及比赛等。

4. 运动处方的基本原则

运动处方的基本原则应包括采用的运动方式。为提高心肺耐力，多选择有氧运动；肢体功能的锻炼，可采用力量练习、柔韧性练习、医疗体操和功能练习、水中运动等；偏瘫、截瘫和脑瘫病人需采用遵循神经发育原则的治疗方法，并且常常需要采用肢体伤残代偿功能训练、生物反馈训练等。

运动处方的基本原则采用美国运动医学会提出的 FITT-VP 原则：

（1）运动频率（Frequency，F）指每周锻炼的次数。

通常每周锻炼 3~5 次，有一定的休息时间，可使机体得到"超量恢复"，获得更好的锻炼效果。

（2）运动强度（Intensity，I）运动强度即费力程度。

在有氧运动中，运动强度取决于走或跑的速度、蹬车的功率、爬山时的坡度等。在力量和柔韧性运动处方中，运动强度取决于给予助力或阻力的负荷重量。运动强度制定得是否恰当，关系到锻炼的效果及锻炼者的安全。因此，应按照个人特点，规定锻炼时应达到的有效强度和不宜超过的安全界限。

（3）运动时间（Time，T）在耐力处方中，主要采取"持续训练法"，应规定有氧运动持续的时间或总时间。

力量运动处方和柔韧性运动处方中，则需要规定完成每个动作重复次数（Repetitions，reps）、组数（Sets）及间隔时间（RestInterval），不同的锻炼方案将收到不同的锻炼效果。

（4）运动方式（Type，T）明确采用某种形式或类型的运动，如采用快走、慢跑、有氧健身操、游泳等有氧运动的形式，提高心肺耐力；或者采用力量练习、柔韧性练习、医疗体操、功能练习和水中运动等，锻炼肢体功能；针对偏瘫、截瘫和脑瘫患者可按神经发育原则采用治疗方法，可能还需要采用肢体伤残代偿功能训练和生物反馈训练等。

（5）总运动量（Volume，V）运动量的大小，取决于运动频率、运动强度、运动时间等多种因素。

（6）运动处方实施进程（Progression，P）即运动处方实施的进程，通常分为适应期、提高期和稳定期。

5. 注意事项

为保证安全，根据处方对象的具体情况，应对处方对象提出锻炼时应当注意的事项。例如，锻炼前后分别要做好准备活动和整理活动，运动中不要超过既定的运动强度、进行力量练习时不要屏息等。

二、体育锻炼运动处方信息化管理系统

（一）运动处方信息系统概述

从 21 世纪初开始，信息化技术在全球各个行业快速发展壮大。发展至今，已经成为发展迅速、影响广泛、渗透力强的一门科学技术。信息管理系统作为获取、处理及存储信息的一种工具，其诸多优点大大满足了人们对信息处理的需求，因而被广泛使用。在信息化技术的推动作用下，运动处方信息化管理系统应运而生。构建与实施运动处方信息化管理系统，从技术上部分实现了运动处方制定的信息化，使运动处方的制定更加方便和高效，同时与可穿戴式设备及其配套的移动应用（Mobile Application）进行交互，提升了运动处方实施的监控效果。

运动处方信息化管理系统（Exercise Prescription Information Management System，EPIMS）是将锻炼者信息的管理，医学检查结果，运动风险评价，运动实验方案的确定，终止实验的标准，健康体适能测试结果和评价，运动处方的制定，锻炼效果的追踪以及数据库的建立，数据的初步统计、分析和导出等功能整合为一体的计算机或手机管理系统。随着可穿戴式设备与移动应用的快速发展，在运动处方信息化管理系统中可接入监控运动过程和健康状态的智能可穿戴式设备，对运动处方执行过程进行数字化监控，并根据监控数据对运动处方进行调整，使运动处方的个体化特征更加突出，增加了运动处方执行的依从性。

运动处方信息化管理系统可针对锻炼者的性别、年龄、健康状况、锻炼习惯和健身目的，采用不同的测试与评价方法，制定个体化的运动处方；可满足全民健身科学指导的需求及康复机构、健身会所、国民体质监测管理部门与体育科研的需要。运动处方信息化管理系统的形成和发展，有利于运动处方的推广，使科学健身指导迈上了一个新的台阶。

（二）运动处方信息化管理系统的作用

1. 在信息采集、管理及功能评定中的作用

运动处方信息化管理系统在此阶段的主要作用是通过计算机实现数

据的采集、分析和结果呈现以及个人健康档案的电子化管理，以节约成本，提高效率。

运动处方具有个体化、安全性、有效性的特点，这就要求在制定运动处方前应全面了解个体的健康状况、体力活动水平、医学史和体适能状况。运动处方信息化管理系统采用模块化设计，将采集到的信息，如性别、年龄、健康状况、体力活动水平、客观条件等；医学体检结果，如心率、血压、心电图、血脂、血糖以及健康体适能指标，如心肺耐力、身体成分等信息存储在系统中，通过计算机预设的算法，自动进行运算和分析，评定个体的身体情况、运动能力和运动风险。

2. 在运动处方制定中的作用

运动处方信息化管理系统在此阶段的主要作用是通过计算机对个体信息的分析结果，自动匹配运动处方相应的资源库，利用算法，将多个资源库进行关联，自动提取相应内容，生成运动处方。运动处方制定者只需要在软件中进行简单操作，即可快速制定运动处方。有些软件提供运动处方维护功能，运动处方制定者可以在系统内看到个体在一定时期内的整体状况，可结合自身的经验对运动处方进行调整，开出更具有个体化的运动处方。

3. 在运动处方实施中的作用

运动处方实施过程中的监控和调整是运动处方安全、有效的重要条件之一，也是提高运动依从性的有效手段。运动处方信息化管理系统在此阶段的主要作用是通过传统的线下系统与可穿戴式设备及云平台对接，实现对运动处方实施过程的实施监控，系统可根据获取的可穿戴式设备及搭载的移动应用的监控数据进行分析，根据分析结果给予提醒或反馈，如对运动强度过大或过小的及时提醒等。同时，还可以随着功能的提高，及时调整运动处方，以取得更好的效果。

4. 可穿戴式设备与移动应用在运动处方实施中的应用

（1）可穿戴式设备与移动应用概念及特点。

可穿戴式设备也可称可穿戴计算设备，目前并没有统一的概念定义。通常认为可穿戴式设备是以人体为载体，通过便携式穿戴实现对应的业务功能。可穿戴设备通过可穿戴式健康监测系统实现对运动的管理，与人体的交互形态主要基于人体能力和设备内置能力配合实现，体现"以人为本、人机合一"的理念。

可穿戴式健康监测系统（Wearable Health Monitoring System，WMHS）是指利用穿戴式生物传感器采集人体运动与生理参数，实现对人体非介入、连续无创的诊断监测，以此帮助穿戴者实现对运动与健康的管理。该系统一般具有人体运动信号检测和处理、信号特征提取和数据传输及分析等基本功能模块。其中生理运动信号检测主要获取的人体信息包括：①体外数据采集，主要通过带 G-sensor 的三维运动传感器或 GPS 获取运动状况、运动距离和运动量，来帮助用户进行运动和睡眠的管理；②通过体征数据（如心率、脉搏、呼吸频率、体温、热量消耗、血压、血糖和血氧、激素和 BMI 指数、体脂含量）监测帮助用户管理重要的运动生理活动。

可穿戴式设备的概念最早是在 20 世纪 60 年代由麻省理工实验室的科学家提出，他们的设想是将计算机技术应用（穿）在人体上，但技术和成本的限制使其一直处于概念阶段，随着科学技术的不断发展，可穿戴式设备已经从概念化走向商用化，新颖时尚的穿戴式设备不断涌现。目前智能穿戴产品市场主要分布在娱乐休闲以及健身、医疗健康领域，产品主要以手环或者手表的形式出现，在主要功能上基本为心率、步数、距离、配速的记录以及能量消耗情况和夜间睡眠质量的跟踪记录。市场上的可穿戴式设备通常需要搭载相应的移动应用，用于记录和分析相关数据。

移动应用是指针对移动终端开发的应用软件，是一种由软件开发者开发设计，运行在移动设备（如智能手机、平板电脑）上的应用软件。运动健康管理的移动应用可跟踪记录各种运动，如步行、跑步、健身操、球类等，记录运动处方的主要要素，如运动方式、运动时间、运动频率、运动强度（通过绑定心率带或心率表，记录步速或跑速）。其中步行或跑步 App 最多，重要参数主要包括步数、距离、时间、每周的运动次数、步速或跑速、能量消耗等，这些参数上传到社交平台中，运动处方制定者与锻炼者通过社交平台建立联系，运动处方制定者通过这种方式进行运动处方的管理和跟踪。此外，信息系统出具的运动处方通过云平台与 App、可穿戴式设备之间的交互，可以使运动处方制定者随时掌握锻炼者的相关运动信息，实现对运动处方执行情况的有效监控，随时根据锻炼者的动态调整处方；同时，锻炼者也可以随时随地得到相关指导。现今，互联网市场上的运动健身软件已多达近千种，常见的有悦动圈、咕咚运动、Keep、小米运动、乐动力、FitTime 等。

（2）可穿戴式设备在运动处方实施过程中的监控。

可穿戴式设备在运动处方实施过程中的监控内容的研究，主要集中在运动量、运动强度、运动热量消耗等方面。应用的范围日趋广泛，应用的人数越来越多。

（3）可穿戴式设备及移动应用对人体行为的影响。

使用运动 App 与其身体活动、健康和生活方式改变以及自我效能之间有一定关系，使用 App 者自我感觉更好，运动干预效果良好，饮食更健康，感觉更有活力，规律运动的依从性更高。可穿戴设备有助于改善慢性非传染性疾病高风险人群的不良生活习惯和行为方式，对预防慢性疾病发生和发展具有重要意义。

（三）运动处方信息系统实例介绍

这里以"微动管家"运动处方信息系统为例，主要介绍运动处方信息系统的使用方法。微动管家是一款运动健康管理工具，从技术部分实现了运动健康管理的信息化、远程化，使运动处方的制定和管理更加方便、高效，同时与可穿戴设备及其配套的移动应用进行交互，提升运动处方实施的监控效果。

（1）第一步：从微信搜索微动管家进入小程序或扫描二维码下载（见图 4-1）。

从微信中搜索微动管家进入小程序注册/登录，扫描二维码。

图 4-1　微动管家二维码

（2）第二步：注册/登录后界面（见图4-2）。

图4-2　注册/登录后界面

（3）第三步：健康体适能评估（见图4-3）。

图4-3　健康体适能评估

（4）第四步：制定运动处方（见图4-4）。

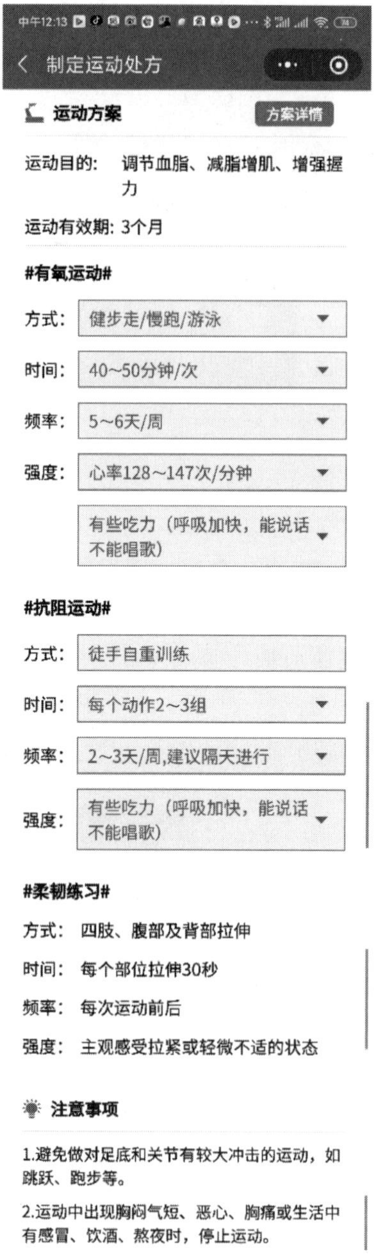

图 4-4　制定运动处方

（5）第五步：运动处方实施和监控（见图 4-5）。

图 4-5　运动处方实施和监控

通过以上 5 个步骤，可以实现对个人信息采集，健康体适能测评，运动处方制定、实施和监控的目的。

总之，随着科学技术的发展，运动处方信息化管理系统将更加完善，应用更加广泛，运动处方制定和实施的科学化程度也会进一步提高。

三、体育锻炼处方对青少年运动坚持性的干预

大多数青少年的体育活动都是在学校体育课上完成的，但很多学生上体育课比较消极、被动，学生感受不到运动的魅力，这种状态下学生很难形成终身体育锻炼的意识和习惯。而制定科学合理的运动处方可以很好地解决这个问题，提高学生运动的积极性，增强学生运动的坚持性。

运动处方可以通过运动种类、运动时间、运动频率等方面对青少年的运动进行全方位指导。

（一）运动种类的选择

在运动种类的选择上，青少年可以选择自己喜欢和适合自己的活动种类。比如，学生用脑频繁，易神经衰弱，应多选择伸展性运动，如静

态伸展运动，以促进脑细胞发育；肥胖的学生应多选择有氧运动锻炼，如快走、跑步、骑自行车、游泳，从而缓解身体压力，健身塑形；瘦弱的学生需要加强肌肉锻炼，多参与力量性运动；等等。

帮助学生明确运动种类，可以减少锻炼的盲目性，提高锻炼的针对性和实际效果，帮助学生达到预期的锻炼目的，使学生产生成就感，并自觉坚持下去。

（二）运动时间的安排

在运动时间的安排上，有氧运动偏重有氧供能系统的消耗，每次运动一般在半小时到一小时之间，力量性运动偏重 ATP-CP 系统耗能，每个力量动作持续 6~8 秒，而成套伸展运动和健身操的运动时间一般比较固定，不成套的伸展运动和健身操的运动时间有较大差异，可以根据青少年的运动负荷程度安排运动时间，并告知青少年各项运动的大概时间，以及选择什么时间段锻炼。运动时间长短的预知可以在青少年心里设下负荷阈值，加强心理预设，不因为未知而退缩。

（三）运动频率的设置

在运动频率的设置方面，按照运动处方的规范来说，运动频率常用每周的运动次数来表示，次数取决于运动强度和每次运动持续的时间。有氧运动的运动频率一般为每周 3~4 次，最低运动频率为每周 2 次，也可以每天 1 次。力量性运动的运动频率一般为每周 3 次，或每天在有氧运动前安排一次。伸展运动和健身操的运动频率一般为每日 1 次或每日 2 次。

在运动处方的全面指导下，青少年能够有规律地运动。规律运动是形成运动坚持性的重要基础，能够使青少年长期坚持运动，保持良好的运动习惯，不断获得良好的锻炼效果。需要注意的是，运动处方要随着青少年身体情况的变化及其他客观因素的变化而灵活调整，这样才能更好地发挥它的指导价值。①

---

① 李宏斌，吴萌. 运动处方与青少年运动坚持性的关系研究 [J]. 商丘师范学院学报，2020，36（12）：80-83.

四、青少年体育锻炼处方的建议

青少年坚持体育锻炼能够获得可观的健康效益，除参加有氧运动、进行肌肉力量练习外，还要参加增强骨骼的活动，增强骨骼的活动。增强骨骼的活动对青少年非常重要，这类活动能够对骨产生作用力，促进骨骼的生长，增加骨骼强度，提高峰值骨量。关于青少年参与有氧运动、肌肉力量练习和增强骨骼的活动的锻炼处方建议如表 4-1 所示。

表 4-1　青少年体育锻炼处方的建议[①]

运动类型	频率	时间	运动内容
有氧运动	每天 1 次	每次≥30 分钟	中等强度： 快走、骑自行车、远足、游泳、棒球、垒球等 较大强度： 跑步、涉及跑和追的活动性游戏（捉迷藏、夺旗橄榄球）、跳绳、球类运动、舞蹈
肌肉力量练习	每周≥3 次	作为每天运动的一部分	健身设施练习、拔河、弹力带练习、举重等
增强骨骼的活动	每周≥3 次	作为每天运动的一部分	跑步、跳绳、篮球、网球、抗阻练习、跳房子游戏等

第三节　青少年体育锻炼的误区与正确认识

一、运动强度越大，锻炼效果越明显

（一）认识误区

经常运动对生长发育、血液循环、呼吸机能、消化系统、神经系

---

① 董琛，张丽红. 健康中国视域下"体医融合"模式的青少年运动处方研究［J］. 青少年学刊，2019（5）：57-60+64.

统、运动体能等身体机能和身体素质的发展都有重要作用，所以有些青少年平时喜欢参与大强度运动，不顾自己的运动能力和接受能力而盲目增加运动量，每次都锻炼到没有力气才肯罢休，认为这样才能取得更好的锻炼效果，其实这是错误的认识。

（二）正确认识

我们承认运动强度直接影响锻炼效果，两者之间存在必然的联系，但如果运动强度超过身体负荷，那么不仅对健康无益，还会损害身体，甚至有生命危险。人体需要置身于一定的环境中才能新陈代谢。这里的环境既包括人体细胞所处的内环境，也包括机体所处的外环境。人要生存，身体机能系统就必须在稳定的内环境中完成工作，这是根本条件。如果运动强度超出身体负荷，内环境受到干扰和刺激，不再具有稳定性，生理平衡也遭到破坏，再加上身心受到的刺激超过承受能力，将自我更新速度变慢，最终导致机体环境失衡而引起损伤。

青少年必须从自身身体情况出发而对适宜强度的项目和锻炼方法进行选择，在运动过程中充分调动身体各个组织系统，使机体组织在稳定的环境中完成物质代谢和发生一系列积极的生理反应，这样才有助于疲劳的恢复，才能取得理想的锻炼效果。

二、多吃饭可以补充运动消耗

（一）认识误区

青少年大都喜爱球类运动，参加篮球或足球运动会消耗大量的能量，运动结束后青少年会通过大量饮食来补充能量，满足机体对能量的需求，以促进消耗与吸收的平衡。一些青少年认为只要吃得多，就能很快补充消耗的能量，所以运动后大量喝饮料和吃零食便成为一件很享受的事。

（二）正确认识

青少年处于生长发育的关键时期，饮食和营养对生长发育有很大的影响，所以喜欢运动的青少年一定要注意科学补充营养，合理饮食。人们吃饭就是为了获得机体需要的能量和营养，以促进机体发展，延续生命，不同的人对营养有不同的需要，这与人的性别、年龄、生理状态等有关，但运动后是不是就该多吃饭与人的食欲有关，而运动强度和运动量大小在很大程度上影响着人运动后的食欲。合理的运动锻炼对血液循环、新陈代谢有促进作用，能够改善人的食欲和精神状态，如果运动量大，大量消耗体内热量，那么机体的需氧量也会增加，运动后饭量也会大一些。但是如果运动过度，机体疲劳加重，减少胃酸分泌，影响消化系统机能，这时食欲就会减弱。

补充食物能够给机体提供能量，人体能量主要来源于三大营养素，即脂肪、蛋白质和碳水化合物。人体能量的消耗量与补充量要保持平衡，要根据消耗能量的多少来决定需要补充多少能量，所以运动后并不是吃得越多越能弥补消耗，要视运动中消耗的能量而定，也要根据运动后机体的反应来安排饮食。

三、专项训练要从小抓起

（一）认识误区

喜欢运动的青少年大都有自己崇拜的优秀运动员或喜爱的体育明星，优秀运动员或体育明星童年的训练生活对青少年来说是很励志的，有的家长发现了孩子的运动天赋，希望向运动员的方向培养孩子，当他们看到优秀运动选手童年辛苦训练与现在辉煌成绩的必然联系后，便萌生了让自己孩子早一些参加专项训练的念头。喜欢参与体育运动并立志当运动员的青少年也不反对早早参加专项训练，希望越早从事专项训练，就越早成为优秀的运动选手，取得优异的比赛成绩。这种认识其实是不科学的，正所谓欲速则不达。

（二）正确认识

一个人的运动训练水平和竞技能力高低是同时受多方面因素影响的，开始从事专项训练的时间并不能完全决定将来的运动水平和运动成绩。体能、心理素质、智能、技战术能力等因素都很关键。有人用"水桶理论"来解释运动员训练水平的发展变化，运动员的训练过程其实就像把水装进木桶里的过程一样，一旦木桶开了一个小口或木桶制作材料高度参差不齐，那么就会影响木桶的装载能力，表现在运动员身上就是影响运动员的训练水平，最终对其运动成绩产生影响。

孩子早早从事专项运动训练，其身体素质就很难得到全面发展，这对其将来训练水平的提高将会造成严重影响。所以说，培养青少年体育后备人才，要从基础训练和基础教育抓起，只有先把基础训练工作做扎实做全面了，使青少年具备了良好的身心素质，才能为未来专项发展奠定良好的体能基础，因此早期的运动以追求健康和全面发展为主，过早追求专业训练会适得其反。

第四节　青少年体育锻炼的营养保障

一、青少年体育锻炼的营养补充

（一）糖的补充

青少年在体育锻炼中要加强营养补充，这是非常重要的。首先应该保证糖的补充。通过补充糖，增加肌糖原的储备，是最直接的延缓运动性疲劳、维持运动能力的有效手段。在体育锻炼中及时补充糖，可以为机体提供能量来源，提升运动能力、延迟疲劳感的出现，甚至还可以有效预防不良情绪和改善情绪状态。但是要注意根据青少年的体重、活跃肌肉的体积、运动负荷来确定具体的摄糖量。

（二）蛋白质的补充

青少年参加长时间的体育锻炼会消耗大量的能量，尤其是会造成肌细胞损伤和蛋白质分解,对应地就需要在运动间歇及运动结束后及时修复和更新。这时需要适量补充蛋白质以修复肌细胞、促进肌肉蛋白合成,同时促进糖原恢复、缓解肌肉酸痛。

需要注意的是,蛋白质的摄入并不是越多越好,摄入量要适宜,因为过多的蛋白易导致内环境酸化,加重肝脏与肾脏的负担,反而加重疲劳。青少年应根据运动强度、运动量确定具体的蛋白质补充量,并保证补充的都是优质蛋白。蛋白质的吸收与合成利用受时间因素的影响。一般来说,在运动后3小时内肌蛋白的合成达到峰值,所以在运动结束后除补充糖外,蛋白质也应该及时补充。

(三) 脂肪的补充

脂肪这一营养素在人体生长发育中也扮演着十分重要的角色。机体的脂肪供能可以节约运动中机体糖原的消耗,从而起到增强体能、延缓运动疲劳的作用。所以,青少年在体育锻炼中补充脂肪也是很重要的,但要控制脂肪的摄入量,过多的脂肪会增加代谢氧耗,增加体脂和体重,降低肌肉做功的能力,从而影响运动能力,也会使体形变得肥胖。

(四) 电解质的补充

体育锻炼会消耗青少年机体的大量水分,因此参加体育锻炼的青少年一定要及时补充电解质。如果补水不及时,会造成肌肉痉挛、力量和耐力减弱的现象。有研究发现,在体液损失程度1%~4%的过程中,青少年的运动能力会大幅度下降。

电解质的补充对维持体能、延缓疲劳十分重要,可以通过长期跟踪运动前后体重的对比制定个性化的补水方案。在运动前和运动中饮用一定量的运动饮料,可以起到维持机体电解质平衡、改善运动表现的作用。一般在运动期间,建议每15~20分钟饮用170~340毫升的运动饮料。当然,具体还要因人而异。

(五) 维生素的补充

维生素可以调节青少年机体的生理生化过程、参与能量代谢。比如维生素 B 族可参与能量代谢和肌肉的修复和生长。青少年在体育锻炼中对维生素 B 族的需求量较大，因此必须及时补充。维生素 D 可以增加机体快肌纤维的数量和直径，增强肌肉力量，提高平衡能力，因此青少年也要注意对维生素 D 的合理补充。

（六）钙、铁的补充

钙是参与肌肉收缩、神经调节的重要营养物质，对于青少年来说钙尤为重要，它可以保障青少年健康的骨密度，避免骨折的风险。青少年在日常生活中就应该补充钙与维生素 D 来保护骨骼健康生长，在体育锻炼中尤其要注意补充，使神经肌肉处于适度的兴奋状态。

铁是人体必需的矿物质，是血红蛋白和肌红蛋白合成的必需元素。如果青少年对铁的补充不及时或补充较少，会使血红蛋白和肌红蛋白的合成减少，从而导致组织细胞摄氧量减少，影响运动中的正常供能，加重疲劳。因此，青少年在体育锻炼过程中和锻炼结束后都要保证一定量的铁的补充，有效降低乳酸浓度，促进体能恢复。

（七）营养剂的补充

营养剂主要包括肌酸、抗氧化剂等，青少年参加体育锻炼，适当补充营养剂也是有必要的。

1. 肌酸

补充肌酸的主要目的在于增加肌肉肌酸储备，促进糖代谢，进而对肌肉收缩后磷酸肌酸和 ATP 的再合成起到有效的促进作用。适量补充肌酸，可以提升青少年在运动中完成短时、高强度动作的运动表现。需要注意的是，在湿热环境下进行体育锻炼时，补充肌酸的同时要配合一定量的水的补充，这样才能达到理想的营养效果。

2. 抗氧化剂

青少年参加体育锻炼，可以通过补充抗氧化剂促进运动能力的提升。抗氧化剂主要是指维生素 C、维生素 E 和 β-胡萝卜，它们可以清除由运动引起的过多的自由基，维持机体氧化应激的平衡状态。一般常用的方法是食用葡萄籽提取物，以有效改善机体的氧化应激稳态失衡，并保护细胞免受氧化应激损伤，从而提高青少年的运动表现。另外，谷胱甘肽也是适合青少年补充的抗氧化补充剂，可以结合具体实际合理补充。

需要注意的是，以上这些营养剂并不是万能的，对于它们的作用我们要理性看待。相关研究与实践表明，运动营养补充剂对人体健康有非常好的功效，但是作为某种营养的加强补充，它们是否适合青少年长期使用还存在争议，目前也没有明确科学定论。因此，我们要结合青少年的具体情况科学合理地补充营养剂，不能盲目补充，更不能滥用。

二、青少年补充营养的注意事项

青少年合理补充营养能够促进生长发育，保持健康，从而为参加体育锻炼打好身体基础。青少年应该从早期就学习一些基本的营养知识，认识到营养与健康的关系，树立正确的营养观念，通过合理饮食来全面补充营养，从而提高身体素质和运动能力。

下面简要分析了青少年营养补充的四个注意事项。

（一）营养多样

人体所需的营养物质种类繁多，保持营养的多样性摄入是营养补充的第一原则。机体的运作需要多种物质的参与，即使是以减脂为目的，如果长期采取零脂肪、零碳水的饮食方案，势必会对健康造成损害。因此，青少年要保证营养摄入的多样性，只有在营养供应充足的前提下机体才能发挥出最大效能，为顺利进行体育锻炼、发挥运动能力提供基础营养保障。

（二）有针对性

青少年在体育锻炼中补充营养，需要有针对性地安排各类营养的补充比例，根据所参与项目的运动特点、运动内容和运动目标来制定合理的营养方案，避免无论参与什么运动项目，都按同样的方式补充营养，这样缺乏针对性的补充会影响补充效果，最终不利于青少年在体育锻炼中的运动发挥和健康目标的实现。

（三）合理搭配

摄入食物是为了给机体提供营养物质，这些营养物质在体内经过复杂的协同作用为人体提供能量，维持人体生命活动。我们经常听到某种食物可以增肌，或者某种食物可以减脂。其实无论是增肌还是减脂，都不是只摄入一种食物就能实现的，需要搭配其他食物，也就是要讲究营养的合理搭配。比如，蛋白质是肌肉合成的重要营养物质，但是只有蛋白质是不够的，还需要维生素 C 以及其他的微量元素共同参与才能更好地促进肌肉发育。所以，为青少年制定健康食谱也要讲求各类营养的合理搭配，提高营养补充效果，为体育锻炼提供更好的保障。

（四）适时适量

青少年补充营养与成年人是有一定区别的，营养补充要及时、丰富、少量多次。青少年尤其是年龄较小的学生，他们的消化系统和循环系统还未完全发育好，如果一次大量摄入过多营养物质，会造成消化系统的负担。而如果营养摄入不及时，又会影响他们生长发育，这些都不利于青少年的健康和运动表现。所以，补充营养必须注意适时适量，在体育锻炼中更应如此，以满足机体运动需要。

第五节　青少年体育锻炼的医务监督

一、运动疲劳与消除

（一）运动疲劳的特征

在较长时间或较大负荷的身体活动中，人的身体机能、机体工作能力可能会暂时性降低，这时基本可以判定机体处于疲劳状态。一般的疲劳只是暂时的，在休息或采取其他干预手段后，疲劳症状会逐渐消失，机体工作能力将恢复到活动前状态。当身体出现疲劳信号时，主观上会感觉到身体不适，客观指标测试结果也会显示异常，这时我们要清楚，机体承受的负荷已经比较大了，必须停止继续给机体施加负荷，而如果依然采用之前的负荷强度，甚至增加负荷，那么身体会陷入过度疲劳状态，将影响身心健康。疲劳是一种保护性生理反应，它在提示人们当下机体承受的负荷足够大了，不能再继续加大负荷了，如果违背规律而出现过度疲劳，那么普通的生理现象就可以演化为病理现象。

青少年在体育锻炼中产生运动性疲劳是在所难免的。运动性疲劳只是机体的生理过程不能维持其机能在某个特定的水平上或不能维持预定的运动强度。运动性疲劳往往伴随着体内能量元素的减少，同时也伴随着肌肉用力顺序的紊乱、神经刺激传导过程无序和混乱，也就是机体相关联结紊乱，这时身体机能水平和机体活动能力明显下降。青少年在体育锻炼中产生的运动性疲劳具有以下特点：

（1）由运动锻炼引起，疲劳既包括身体疲劳，也包括心理疲劳。从疲劳发生的部位来看，可能是整体疲劳，也可能是局部疲劳。从身体机能来看，身体不同系统都有可能出现疲劳，如呼吸系统、心血管系统等都有可能疲劳，有时也表现为肌肉的疲劳，如骨骼肌疲劳。

（2）出现疲劳后，疲劳部位的功能会暂时性下降。

（3）青少年出现疲劳后会自感不适，如心跳加速、呼吸不畅等，而且测试一些客观指标，如心率、血压等，结果往往也是异常的。

（4）身体机能水平的下降是暂时的，结束运动，经过合理补充营养、充分休息等方式可以自然而然地消除疲劳。

（二）消除运动疲劳的方法

青少年在体育锻炼中发生运动疲劳属于正常的生理现象，在运动中要防止出现过度疲劳，运动结束后也要及时采取措施进行疲劳干预，快速消除疲劳。常见的疲劳消除方法有以下五种：

1. 合理补充营养

在体育锻炼中出现疲劳症状的青少年，在结束运动后要通过合理补充营养来消除疲劳，促进身心恢复。科学合理地补充营养，有助于青少年的产能反应得到改善，促进机体内环境维持稳定状态，使机体疲劳症状尽快消失，使体力恢复到运动前的正常状态。青少年体育锻炼结束后的营养补充以常见营养素为主，如蛋白质、糖、电解质、维生素、矿物质等。有时也可以通过补充酸性盐类、碱性盐类等达到抗疲劳的效果。

需要注意的是，青少年在体育锻炼中因出汗而导致机体水分大量流失，这样很容易引起疲劳，严重时也会出现脱水现象，所以不管在运动中还是运动后都要注意饮水。运动中饮水不能以口渴为信号，如果在口渴后才饮水，此时机体缺水已经达到一定程度了，这会严重影响身体活动能力，增加损伤的发生率。所以，青少年在体育锻炼中要适时饮水，而不应该在口渴时才饮水。运动结束后也要及时补水，补充机体流失的水分。

2. 做必要的整理活动

为促进疲劳的消除，快速恢复体力，在体育锻炼结束后安排必要的整理活动也是非常重要的。肌群伸展练习、呼吸体操、慢跑等都是对恢复体力有很大帮助的整理活动，尤其是伸展练习，不仅可以缓解疲劳症状，促进体力恢复，还能使肌肉痉挛症状得以消除，促进肌肉血液循环的改善，并降低运动损伤的发生率。

3. 进行活动性休息

在做必要的整理活动之后，可以衔接一些活动性休息的内容。活动性休息以轻微运动为主，它和完全坐着或躺着不动的休息是对应的。进行活动性休息可以快速排除体内的乳酸，对促进机体血液循环很有帮助。一般来说，散步、慢跑、变换活动部位等都是青少年在体育锻炼结束部分可选择的活动性休息方式。

4. 睡眠

对任何人来说，消除疲劳、恢复体力都需要良好的睡眠。当人处于睡眠状态时，神经系统的兴奋过程降低，机体分解代谢处于最低水平，合成代谢处于较高水平，从而有助于积蓄能量，为第二天的身体活动做好能量准备。青少年在结束一定强度的体育锻炼后尤其要保证充足的睡眠。如果运动量很大，可适当延长睡眠时间。

5. 持续静力牵张练习

持续静力牵张练习（牵拉练习）具有消除肌肉疲劳、促使肌肉放松、缓解肌肉迟发性酸痛的效果。牵拉练习的这一效果已经得到了科学研究的证明，有关研究显示，在进行肌肉牵拉练习时做肌电图测定，结果显示静力性牵拉练习开始时肌肉放电明显，表明肌肉处于疲劳性痉挛状态。当牵拉至适当程度时，则肌肉呈电静息状态，表明肌肉痉挛症状得以缓解甚至消失。可见，在体育锻炼后做持续静力牵拉练习有助于消除肌肉酸痛症状，缓解肌肉痉挛，促进肌肉正常功能的恢复。

二、运动损伤与防治

青少年在体育锻炼过程中，因运动本身直接引起的身体损伤即为运动损伤。青少年在体育锻炼中之所以会发生运动损伤，往往与运动内容不合理、运动负荷过大、青少年自身身体素质较差、运动环境不友好等因素有关。因为不可控因素的存在，青少年在体育锻炼中难免会发生伤害事故，但我们仍要积极预防，降低损伤发生率，同时在损伤发生后也要第一时间做紧急处理，降低损伤对青少年身心健康的伤害程度。

（一）发生运动损伤的原因

1. 身心状态不佳

青少年学业压力比较大，身心经常处于一定的紧张状态。在这样的身心状态下参加体育锻炼，发生损伤的风险比较大。尤其是在运动最后阶段，对身心疲惫程度较严重的青少年而言更容易发生损伤。

2. 身体素质差异

不同青少年身体素质存在一定的差异，对身体素质相对较差的青少年而言，要和其他身体素质强的青少年进行同样的体育锻炼，身心压力比较大，再加上身体素质本身就比不上其他人，所以在体育锻炼中无法承受运动负荷，很难完成锻炼任务，发生运动损伤的概率较高。对此，必须严格根据青少年的体质情况为其安排合理的运动负荷，防止运动损

伤的发展。

3. 运动方法不当

青少年体育锻炼内容非常丰富，有些户外项目风险较大，对安全防护的要求也高，一旦采用的运动方法不当，或指导不合理，或对青少年缺乏必要的保护与帮助，就容易导致青少年身体受伤。

4. 运动环境存在风险

青少年参与体育锻炼对场地设施条件有一定的要求，对运动场地的安全性要求较高，如果运动场地选得不合理，或场地比较陈旧，运动设施常年缺乏维护，损坏严重，将会增加运动风险，造成青少年身体损伤的发生。

（二）常见运动损伤的处理

1. 擦伤

青少年在运动中与硬质物摩擦时（如摔倒，皮肤与地面摩擦）可能会擦伤皮肤。受伤部位有明显的擦伤痕迹，可能会出血和表层皮肤脱落。身体很多部位都可能擦伤，暴露在外的部位擦伤后的症状可能会更严重一些。擦伤的处理方式如下：

（1）如果症状较轻，则先清洗擦伤部位，然后进行消毒处理，不需要包扎伤区。

（2）如果症状比较严重，伴随感染，而且伤口处有异物（沙子等），应送往医院由专业人员进行紧急处理。必要时打破伤风抗毒素。

（3）如果擦伤部位恰好是面部，要特别预防感染，要第一时间进行处理，以免留疤。不要将创可贴贴在伤口处，否则会导致发炎。

2. 肌肉拉伤

肌肉拉伤通常是在外力直接或间接作用下，迫使肌肉过度主动收缩或被动拉长时引起的肌肉牵拉或撕裂伤。青少年在体育锻炼中若准备活动不充分、动作不协调，或者肌肉弹性、伸展性较差，则非常容易发生肌肉损伤。肌肉拉伤的症状主要表现为肌肉伤处明显肿胀、压痛、肌肉痉挛，触诊时可摸到硬块，严重时肌肉撕裂。

对于轻度拉伤，视伤情降低运动强度，适度按摩、静态拉伸。对于严重的拉伤，要立即停止练习，冷敷、包扎拉伤部位，伤肢抬高，以免肿胀。1~2 天后外贴消肿胀膏药，热敷或适当按摩。

3. 踝关节韧带损伤

青少年在跳跃性项目的体育锻炼中，若落地时身体失去平衡摔倒，或不小心踩到其他东西，容易出现踝关节内旋、足跖屈内翻位，导致踝关节韧带损伤。主要症状表现为踝关节外侧剧烈疼痛，明显肿胀，无法直立行走。踝关节韧带损伤的处理方式如下：

（1）对受伤部位进行降温、加压包扎，防止出血，缓解肿胀。要注意足外侧是压迫包扎中 8 字形交叉点所在的位置，这能够对踝关节内翻起到积极的预防作用。

（2）使用钢丝托板固定患肢，使受伤的脚保持稍外翻、跖伸位，从而预防继续出血。

（3）将患肢抬高，调节血液循环，以防伤处严重肿胀。

（4）进行局部降温，如用冰袋冷敷患处。

（三）运动损伤的康复方法

青少年在体育锻炼中受伤是很常见的，一方面要做好预防工作，另一方面要在损伤发生后及时处理，降低影响，促进恢复。发生损伤后，要根据具体情况对之后的体育锻炼计划进行调整，并采取具有针对性的恢复措施，使伤者的组织与器官功能尽快恢复，以免影响身心健康和学习生活。

当发生损伤后，如果没有及时处理，会延长受伤组织的恢复时间，从而影响之后的锻炼，破坏锻炼的系统性，最终影响锻炼整体效果。此外，在受伤组织未完全恢复的情况下就继续运动，会加重伤情，或牵连其他组织损伤，这将会给青少年的身体健康带来严重的威胁，有时也会造成心理影响，使伤者产生心理障碍，害怕运动。所以，科学、及时地处理损伤至关重要。在体育锻炼中发生不同的损伤要根据具体情况采取不同的急救措施，与此同时，还要配合以下治疗方式，促进康复：

1. 按摩

按摩是利用筋络穴位的传递效应，采用推摩、揉、捏、搓、按压、叩打等方法对受伤肌肉、关节、韧带对应的特定筋络穴位施加一定的刺激，引起机体积极的生理反应，使人体毛细血管的通透性得到提升，血中含氧量得到增加，使外界物质更容易被机体吸收，从而使紧张状态得以消除，达到舒筋活骨、提高免疫力、促进恢复的效果。

2. 理疗

理疗是在受伤部位实施电疗、光疗、磁疗、蜡疗等治疗方法，使伤部血液循环更加通畅，促进恢复。处理局部损伤时，更适合采用理疗的方式，它具有很强的针对性。

3. 拔罐

对身体局部肌肉劳损、肌肉拉伤等伤病的治疗，可采用局部治疗效果较好的拔罐疗法。通过拔罐，可以促进患处血液循环，加快排泄组织代谢产物，促进恢复。

4. 针灸

肌肉、韧带等组织发生局部损伤后，针灸也是效果比较好的治疗方式，针灸时要找准穴位，常用的针有电针、火针、医学常用针等。

（四）运动损伤的预防策略

1. 损伤预防原则

（1）提升安全意识原则。

青少年参加体育锻炼，一定要提升自己的安全意识，具体就是提升预防运动损伤的意识。学校体育教学也要加强运动健康教育工作，如预防运动损伤的教育工作，让学生充分意识到自我保护和预防运动损伤的重要性。此外，还要加强运动防护技能的培养，提高学生的自我保护能力。青少年只有掌握了科学的运动防护技能，才能在具体运动过程中有效预防运动损伤。

（2）合理负荷原则。

在青少年体育锻炼中要注意安排合理的运动负荷，合理的运动负荷能极大地降低运动损伤发生的概率，确保运动安全。如果运动负荷过大就容易导致运动损伤。但是，也不能为了青少年不受伤而一直采用小负荷练习方式，这不利于良好运动效果的获得。应根据青少年的实际情况和运动目的而循序渐进增加运动负荷，但要在学生能够承受的范围内调整负荷。

（3）全面加强原则。

全面加强主要是指促进身体素质的全面发展。青少年在体育锻炼中发生运动损伤有时主要是因为身体素质水平不高造成的。因此，全面提升各项身体素质是预防运动损伤的重要原则和方法。在青少年体育锻炼中，要合理进行基础体能锻炼，也可将体能锻炼作为具体项目锻炼的热身内容。

（4）严格医务监督原则。

医务监督是预防运动损伤的重要手段。必要的医务监督有助于青少年及时发现身体不适状况，实现早发现、早处理的目的。此外，还要注意检查运动场地与器材，防患于未然。

（5）灵活调整锻炼计划原则。

当青少年在体育锻炼中出现严重疲劳时，要及时调整运动计划，以免疲劳继续加重而导致损伤发生。调整运动计划并不会破坏锻炼的完整性，能够防止因青少年受伤而中断锻炼。对运动计划进行调整，主要是调整运动内容、方法和负荷，以降低难度、减少频率、减轻负荷为主，以促进疲劳的恢复。当青少年疲劳症状消失，身心机能恢复正常时，可继续执行原来的运动计划，但要注意预防损伤。在伤后的恢复性锻炼中，也要制订相应的恢复计划，旨在促进受伤组织的恢复，而如果将原运动计划作为恢复计划使用，那么会导致未完全恢复的组织再次受伤。

2. 损伤预防措施

采取一定的预防措施能有效降低运动损伤发生的概率，青少年参加体育锻炼可以采取以下预防损伤的措施和手段：

（1）调整好身心状态。

青少年在进行体育锻炼前，有时会因为个人身体状态、情绪、运动水平、已有经验以及精神状态等因素的影响，身体机能和心理素质会发生生理变化和心理变化。越临近锻炼，变化就越显著。锻炼前的这种身体和心理上的变化统称为运动前状态。实践证明，运动前状态会影响正式运动的过程及运动的效果，这种影响既有积极的影响，也有消极的影响。需要注意的是，运动前无论神经系统兴奋性很高还是很低，都不利于后面的运动锻炼，也会制约锻炼的效果。例如，当兴奋性很低时，常见表现是兴趣低下，情绪不高，态度冷淡，这样运动能力也会下降；兴奋性很高时，常见表现是紧张到失眠，心情急躁，影响食欲，这样必然对参加体育锻炼不利。运动前无论是过度兴奋，还是兴奋度极低，都和心理因素的影响有关，为了防止不良心理影响大脑神经状态，进而影响运动安全及锻炼效果，青少年应在运动前调整好身心状态，如出现失眠、明显疲劳、感冒等不适症状，或者精神或心理受到严重刺激，要及时解决和处理身心问题。在身体和心理恢复初期，宜选择强度较小的练习内容，随着身体和心理状态的进一步调整与逐渐恢复，再逐渐增加运动强度，渐渐提高锻炼效果。

（2）加强力量练习。

力量素质是其他各项体能素质的基础，具有非常重要的作用。青少年拥有良好的力量、协调力和耐力，那么对在体育锻炼中运动损伤的预防具有非常大的帮助。在体育锻炼中，身体力量占优的青少年发生损伤的概率相对低一些。由此可见，青少年在日常体育锻炼中一定要高度重视力量练习。

（3）注意体格检查。

在有组织性的体育锻炼活动中，要注重对青少年的体格检查，从而充分了解青少年的身体状况，制定出科学合理的运动方案，这样才能有效预防和避免运动损伤。

（4）维护良好的运动环境。

青少年参加体育锻炼需要在良好的环境下进行，这对预防运动损伤也具有重要意义。因此，在日常体育锻炼中，要关注运动场地的卫生及其他环境问题，防患于未然。

（5）重视热身准备。

青少年在体育锻炼前做好充分的准备活动，可以有效预防运动损伤，还能延迟疲劳出现的时间，并促进锻炼效果的提升。热身准备活动具体由下列三个部分组成。

一般性准备活动：活动内容包括健步走、慢跑等，时间为 10 分钟左右，通过简单热身，使身体预热，微微出汗。

伸展练习：身体主要肌肉群做静态性伸展练习和被动伸展练习，时间大约 10 分钟。

动态伸展：做原地伸展练习和移动中伸展练习，时间大约 10 分钟。

（6）运动后注意拉伸与放松。

运动后做一些拉伸与放松练习，主要是为了消除疲劳，促进身心机能恢复正常水平，并预防在下次运动中受伤。拉伸练习属于柔韧性练习，通过牵拉肌肉，不仅能改善肌肉的弹性和灵敏性，还能使运动感受器更加敏感，促进运动感知觉能力的提升，进而促进应激能力的改善。

第五章

青少年健康体适能锻炼方法指导

　　青少年的健康成长需要体育锻炼来支撑。本章将从肌肉适能锻炼、心肺适能锻炼、柔韧适能锻炼和平衡适能锻炼四个方面作为研究的重点。

第一节　肌肉适能锻炼

肌肉适能是青少年进行身体锻炼的主要内容之一，也是保证他们具有较好身体素养以及进一步发展体育运动能力的基础。因此，对肌肉适能的锻炼是每一个青少年生活中都必不可少的部分。

一、肌肉适能的含义

一般地，肌肉适能主要是指肌力和肌耐力。以下将对肌力和肌耐力的概念和锻炼方法进行详细讲解：

（一）肌力的概念

肌力即肌肉力量，是指肌肉对抗阻力的能力，肌力是肌肉适能锻炼的最核心的内容。青少年的肌肉还在发育过程中，如果能科学地进行锻炼，持续有效地提升肌力，那么对青少年的身体健康和运动素质的提高将是显而易见的。另外，肌力还具有保护骨骼、预防伤害的作用。

此外，肌力的大小还与抑制神经的兴奋程度、肌纤维的数目与种类、肌肉收缩长度和疲劳程度等都有着密切的关系。

（二）肌耐力的概念

肌耐力是指肌肉连续工作的能力，即能够维持的时间越长，说明肌耐力的素质水平越高。尽管青少年时期还不是发展肌耐力的主要阶段，但是适当地提升肌耐力能促进他们的心肺功能的提高，进而提升身体素质。同时，肌耐力也是评价人体健康与否的主要指标之一。因此，锻炼肌肉适能，必然包含了对肌耐力的适当训练。

二、肌肉适能的锻炼原则

发展肌肉适能是青少年体育运动锻炼的一个核心内容，由于他们的身体发育还未完全，身体各个方面还比较脆弱，因此必须明确锻炼的基本原则，以保证锻炼过程的安全、科学、有效。

（一）大负荷原则

发展肌力最重要的是要增加运动负荷，即通过提高肌肉所需克服的阻力大小来提升肌力，这就是大负荷原则。只有加大负荷才能更加有效地提高最大肌力，一般是将阻力控制在接近或达到甚至略超过肌肉所能承受的最大负荷，或者达到原有肌肉最大负荷能力的 2/3，否则发展肌力的效果不明显。大负荷原则的生理学依据，是出于对不同肌肉组织的兴奋性的不同而采取不同的策略。由于机体内不同肌肉运动单位的兴奋性不同，如阻力较小时，中枢只能调动兴奋性高的肌肉组织单位参加收缩。

因此，随着负荷的增加，中枢神经系统对不同兴奋性的肌肉组织都进行募集，进而参与收缩运动，也就是调动了更多运动单位参加同步收缩，于是肌肉表现出更大的肌张力。由此可见，如果不提高负荷到一定的程度，有一部分运动单位不容易接收到刺激信号，那么也就无从得到发展。

（二）渐增负荷原则

渐增负荷原则与大负荷原则需要结合起来运用。渐增负荷原则指在发展肌力的锻炼过程中，随着肌力的增长和提高，肌肉对当前的阻力逐渐产生适应，因此需要渐渐增加负荷来保证肌力的持续增长。例如，当锻炼者适应了前一阶段的最大阻力，即现有负荷已经不再需要最大限度地调动肌纤维参与收缩，如果需要继续提升肌力那么必须通过增加新的负荷来实现。若在不增加负荷的情况下保持锻炼，那么将逐渐转向发展肌耐力而不是发展最大肌力。因此，若想发展肌力就需要让肌肉经常处于克服大负荷的状态。

（三）负荷顺序原则

负荷顺序原则强调的是在力量锻炼过程中，要对锻炼动作的前后顺序做科学、合理的安排。总体顺序应遵循先锻炼大肌群后锻炼小肌群，每一次的锻炼要有清晰的目标，即每一个动作所针对的肌群或者肌肉要明确，且避免前后相邻的锻炼重复使用同一肌群。

首先，大肌肉在运动中枢的兴奋面广、兴奋程度高，由于兴奋的扩散作用，可以对其他肌肉有一定的带动作用。

其次，良好的大肌群或者大肌肉对机体整体具有增强稳定性的作用，因此，先锻炼大肌群或者大肌肉可以对后面的锻炼起到促进作用。

最后，大肌群或者大肌肉相对耐力更高，而小肌肉易于疲劳，如果先锻炼小肌群或者小肌肉，那么将影响大肌肉的正常锻炼。避免前后相邻动作使用同一肌群的原目的是保护肌肉不会发生过度疲劳和肌肉损伤的情况。

（四）有效运动量原则

有效运动量原则是指若想稳定提高肌力，需保证有足够大的运动强度和足够长的运动时间，只有这样才能促成肌纤维结构和生理生化的明显的发展和改变。也就是说，在锻炼中要注意运动的有效性，并非任何运动都是有效的，特别是当运动强度和运动量过小的时候，并不会改变肌纤维的结构。

一般而言，每次的力量锻炼不应少于3组，且锻炼效果要接近或达到肌肉疲劳的程度，然后这样的锻炼要保持一段时期之后，肌肉力量才逐渐提高。尤其对于普通的青少年群体，他们在进行体育锻炼时往往没有太高的期待，以轻松和游戏的心态进行，这时候就容易一感到疲劳就暂停锻炼，这样就导致尽管也花时间进行了锻炼，但是效果却始终不明显。主要原因就是运动强度不够，另外，肌纤维的改变需要逐渐发生，如果锻炼的时间较短，还没有达到改变的阈值，当然也不会有显著的效果。

三、影响肌肉适能锻炼的主要因素

（一）锻炼强度

一般常用 RM 值（最大重复次数）来表示力量锻炼的负荷强度。RM 值是指肌肉在克服某一负荷时可以收缩的最大次数。RM 值越小，表示青少年对该负荷的重复次数越少，负荷强度越大。例如，一般的青少年需以较小的负荷强度即较大的 RM 值进行运动。

（二）锻炼次数和频率

对于力量锻炼而言，锻炼次数和锻炼频率的选择与锻炼目标以及锻炼者自身的身体素质因素直接有关。有研究表明，对于长期缺乏运动的人而言，隔天锻炼的效果比每天锻炼的效果更好。如果严格按照科学的锻炼方法，每天进行力量锻炼，那么 10 次锻炼后肌肉力量可提高 47%；相对地，如果在同样负荷的条件下进行隔天锻炼，那么 10 次锻炼后肌力提高 77.6%。对于那些想要发展肌肉体积线条和爆发力的健身者而言，应适当降低运动强度，同时增加锻炼组数和锻炼频率。以发展肌肉耐力和提高内脏机能水平为主要目的的人群，则应按照"高频低负荷"的标准进行。对于大多数的健身者而言，如果锻炼的强度不高，可以每天进行，如果是中等强度的负荷那么可以隔天锻炼，主要以身体恢复的情况作为选择锻炼频率的主要依据。

（三）锻炼量

一般而言，大多数青少年都做不到每天进行锻炼，因此为了达到锻炼效果，必须做好锻炼计划，并且保证每一次的锻炼都达到足够的刺激肌肉的强度，然后再保证间隔稳定地持续锻炼。通过锻炼量的计算公式，以 1 周或 1 个月为单位进行锻炼的话，总的锻炼量除考虑锻炼强度和锻炼时间外，锻炼频率也是一个重要的因素，即运动总量 =（平均运动强度×运动时间）×锻炼频率。

四、肌肉适能锻炼的方案

（一）肌力锻炼方案

对于想适度发展体适能的青少年，主要做到循序渐进和量力而为即可，不要一次进行大强度的锻炼。另外，还可以制订针对不同身体部位的锻炼计划。比如每周一、三、五都做腿、胸、背部三个部位的力量练习，隔天进行。如果青少年体质较弱，基础较差，也可以每周一、三、五做核心练习，每周二、四、六做腿部的练习。

（二）肌耐力锻炼方案

发展肌耐力和肌力的锻炼方案相似，比如，对于一般水平者可选择隔天做腿、腹、背部三个部位的锻炼。肌耐力较差的健身者可采取每周一、三、五做腿、腹、背部的练习，每周二、四、六做腿部的练习。

五、肌肉适能锻炼的具体方法

（一）胸部肌群锻炼方法

1. 卧推

锻炼目标：胸大肌、三角肌前束、前锯肌、肱三头肌。

起始姿势：仰卧于卧推架上，身体放松，双脚自然放在地面上。吸气，双手正握杠铃，保证大臂与小臂和躯体分别成 90°。

练习方法：呼气，双臂同时用力推起杠铃，当两臂伸直后停留一会儿，然后缓缓下落，直到铃杆靠近但没有碰到胸大肌，再慢慢推起。重复练习 3~5 组。

呼吸方法：当采取小、中负重时，向上推举时呼气，杠铃下降时吸气。如果采取的是大负重练习，向上推举时呼气，杠铃下降时吸气，停顿时要短暂屏气。

注意事项：首先，练习应在教师或者教练的指导下进行，选择合适的负重。其次，对于力量基础较弱的青少年，双手握杠铃的距离可以略宽些。

2. 上斜卧推

锻炼目标：胸大肌上部、三角肌前束、肱三头肌。

起始姿势：上斜卧推需要向斜上方用力，因此练习的时候需要斜板卧推支架的配合，该练习更适合年纪较大一些的青少年，年纪尚小，尤其身高较矮的青少年可以做其他练习替代。练习时身体仰卧，双腿放松，双脚自然放在地面上。选择合适的握距正握杠铃，但要保证大臂与躯体和小臂各成90°。

练习方法：主要的练习形式就是匀速控制杠铃杆做倾斜角度的推举动作，尤其是向下时要用双臂以及胸肌的力量控制杠铃匀速、缓慢地下降，重复练习3~5组。

呼吸方法：当负重小时，上举时呼气，杠铃杆下降时吸气。当负重大时，则杠铃下降时吸气，停顿时短暂屏气，上举时呼气。

3. 下斜卧推

锻炼目标：胸大肌下束、三角肌前束、肱三头肌。

起始姿势：固定肘关节、踝关节在支点上，正握杠铃，身体呈仰卧姿势做好准备。

练习方法：推举是从胸部正上方开始，通过均匀用力，使杠铃匀速上举直至双臂伸直，然后再有控制地让杠铃下落。重复练习3~5组。

呼吸方法：呼吸方法同上。

（二）肩部肌群锻炼方法

1. 坐姿杠铃颈后推举

锻炼目标：三角肌、肱三头肌。

起始姿势：跨坐于健身凳上，双腿在健身凳两侧保持身体的平衡。正握杠铃，握距约是肩宽的2倍。运动前手臂向上伸直，胸打开，上体略向前倾。

练习方法：肩关节和肘部要先做外展动作，然后做颈后的杠铃推举运动。均匀用力，反复做推举动作，重复练习 3~5 组。

呼吸方法：呼吸与上斜卧推的方法一致。

2. 站姿杠铃颈后推举

锻炼目标：三角肌、肱三头肌。

起始姿势：首先将杠铃置于肩上，以大约肩膀两倍宽的距离握住杠铃。

练习方法：两臂用力做颈后推举动作，并且每次在最高位置停顿片刻，让肌肉充分拉伸，重复练习 3~5 组。

呼吸方法：上举时呼气，下落时吸气。

3. 站姿哑铃交替推举

锻炼目标：三角肌、肱三头肌。

起始姿势：双手持哑铃，双腿先自然站立然后屈膝，屈肘将哑铃置于肩上。

练习方法：首先做一侧手臂的推举哑铃动作。当手臂伸直时，保持掌心向前。其次有控制地放下哑铃，掌心朝向内侧，置于肩上。两侧手臂交换练习，每侧做 3~5 组。哑铃的重量要根据青少年的实际情况决定，太轻或者太重都不利于锻炼效果的实现。

呼吸方法：上举时呼气，下落时吸气。

4. 站姿哑铃颈前推举

锻炼目的：三角肌、肱三头肌。

起始姿势：首先自然站立，其次膝关节微屈，肘关节也微屈，掌心朝后，两手各持一个哑铃。

练习方法：肩关节向后旋转，肘关节外旋，慢慢推举到大臂与地面平行，掌心相对。然后继续向上推举至肘关节伸直，掌心向前。停留 2 秒后手臂向下运动，肩关节内收，肘关节内旋至起始姿势。重复练习 3~5 组。

呼吸方法：上举时呼气，下落时吸气。

（三）上肢肌群锻炼方法

1. 直立杠铃弯举

锻炼目标：肱二头肌。

起始姿势：自然站立，双脚略分开与肩同宽，屈膝。双手反握杠铃，握距与肩同宽，准备练习。

练习方法：提起杠铃直至两只前臂靠近身体并保持2秒钟，有控制地还原。重复练习3~5组。

呼吸方法：抬起时呼气，还原时吸气。

2. 直立杠铃变换弯举

锻炼目标：肱桡肌、肱二头肌。

起始姿势：自然站立，屈膝，双脚之间约与肩同宽，双手反握杠铃。

练习方法：双臂用力提起杠铃，至大小臂之间成90°，保持2秒钟，然后继续向上抬至颈前，再保持2秒钟，后还原成90°，再还原至双臂完全伸直，重复练习5~10组。

呼吸方法：上举时呼气，还原时吸气。

3. 哑铃交替弯举

锻炼目标：肱二头肌、肱桡肌。

起始姿势：自然站立，屈膝，双脚与肩宽，双手反握哑铃，屈肘，使双手置于大腿前侧。

练习方法：单臂向上举起哑铃，至大小臂成90°，继续屈臂使小臂与大臂贴紧，保持2秒钟，还原。重复练习3~5组。换另一只手臂练习。

呼吸方法：屈臂用力时呼气，还原时吸气。

4. 俯身单臂屈伸

锻炼目标：肱三头肌。

起始姿势：屈膝，身体自然前倾，单手正握哑铃，肘关节弯曲成 90°。

练习方法：开始练习时手臂向后伸直，拳眼向下。该姿势保持 5 秒钟，还原。重复练习 3~5 组。

5. 正握哑铃锤式腕弯曲

锻炼目标：桡侧腕屈肌。

起始姿势：双手各握一只哑铃，以正握的方式握住哑铃的一端，双臂贴在身体两侧。

练习方法：腕关节带动用力举起哑铃至最大幅度，保持 5 秒钟，还原，重复练习 3~5 组。

（四）背部肌群锻炼方法

1. 杠铃俯身划船

锻炼目标：背阔肌、大圆肌、斜方肌、菱形肌。

起始姿势：自然站立，且双脚站距略窄于肩，双手正握杠铃。收紧核心，屈膝，努力向后翘臀，上体前倾，当肩部超过脚尖时保持不动，双臂自然下垂，准备练习。

练习方法：内收肩关节，感觉背部发力将杠铃拉起，当杠铃靠近腹部时保持 5 秒钟，后有控制地还原。重复练习 3~5 组。

呼吸方法：小负荷练习时，上拉杠铃时吸气，下放杠铃时呼气；大负荷练习时，上拉杠铃时呼气，其余吸气。

2. 俯卧异侧两头起

锻炼目标：竖脊肌、臀大肌、斜方肌下部。

起始姿势：自然俯卧，双腿自然伸直，双臂向上放于瑜伽垫上，准备练习。

练习方法：开始练习时同时抬起右侧手臂和左侧大腿，并努力提起至最高处，停留 2 秒钟，有控制地放下，再换另一侧。两侧都完成动作为 1 次完整动作，20 个动作为 1 组，重复练习 3~5 组。

呼吸方法：用力时呼气，还原时吸气。

（五）腿部肌群锻炼方法

1. 负重深蹲

锻炼目标：股四头肌、臀大肌、竖脊肌。

起始姿势：首先自然站立，双脚站距略宽于肩，屈膝，呈半蹲姿势，其次恢复站立姿势准备练习。注意练习的过程中脚尖始终与膝盖同向，否则容易损害膝关节。

练习方法：收紧核心，臀部向后下方压，屈膝，使大腿与地面平行，然后腿部和臀部共同用力起身至开始的站立姿势，为一个深蹲动作。15 个为 1 组，重复练习 3~5 组。为了增加练习效果，可双手各持一个哑铃，或者在大腿上提前加一个弹力带，以增加运动的阻力。

呼吸方法：中、小负荷时，用力时呼气；大负荷时，站起时呼气。

2. 负重单腿下蹲起

锻炼目标：股四头肌、臀大肌、竖脊肌。

起始姿势：双腿一前一后站立，大约为一步的距离，前脚保持站立，然后将后脚抬起放在椅子上，使脚面落在椅子上。注意身体不要扭曲，运动过程中始终让身体和双腿都保持向前。

练习方法：收紧核心，臀部下蹲，重心落在前脚上，至前腿大腿与地面平行，且后腿的膝关节不要接触到地面，同时还要注意前腿的膝关节弯曲时不要超过脚尖。感觉股四头肌和臀大肌用力的感觉还原，为一个动作。为了增加效果，可手持哑铃或在大腿上绑上弹力带。每条腿下蹲 15 次，为 1 组，重复练习 3~5 组。

呼吸方法：下蹲时吸气，向上时呼气。

第二节　心肺适能锻炼

心肺适能的提高主要是通过长跑和游泳获得。因为这两项运动主要是在强度可控的条件下进行长时间的运动，这是发展心肺适能的最佳方式。

一、心肺适能锻炼方法

（一）重复练习法

重复练习法是指通过不断地重复同一练习，保持同样的练习结构和动作特点，以及运动负荷和间歇来进行练习，以达到增加运动负荷、加强动作技能的目的。

在实践中，常常用于提高心肺适能。重复练习法还可分为以下两类：

1. 按练习时间长短分类

按照练习时间的长短可分为短时重复练习、中时重复练习和长时重复练习。短时一般是指持续时间不足 30 秒的高强度、高难度训练；中时重复练习的时间一般在 2 分钟之内，常常用于整套技术动作的练习；长时重复则指 2~5 分钟的动作练习。

2. 按训练间歇方式分类

最常见的是连续重复练习和间歇重复练习两种。不同重复方法具有不同的练习侧重点，但是基本上而言，重复练习法都有很好的巩固技术动作和身体机能的作用。

（二）间歇练习法

间歇练习法就是通过控制每组练习之间的休息时间，来达到提升某种身体素质的目的。练习间歇时间的长短，与练习目的、练习强度和练习效果存在密切关系。

在提升心肺适能的练习中，一般会控制练习负荷适中，然后在身体未完全恢复时再进行下一组的练习，即缩短休息时间，使心肺功能得到提升。此外，通过适当的练习和休息，可以保证在每次练习期间，让青少年的心率都处于最佳范围内，这不仅有助于提高和改善心脏泵血功能，还能有效地控制运动的安全性。

（三）持续练习法

增强心肺适能的核心方法就是持续练习法，通过增加练习时间来提升心肺的能力。最常见的长跑、长距离游泳都是非常有效的提升心肺适能的练习。它们的特点是不间断，运动强度适中，通过延长运动时间来提升运动负荷。在实践中，持续练习法还分为变速训练和匀速训练。

变速训练是在进行较长时间的运动时，对运动的强度加以改变的方法。其强度变化应在个人最大强度的70%~90%，心率应保持在每分钟140~180次。

匀速训练时，练习的强度基本保持不变，并保持在有氧代谢的范围之内，心率大约在每分钟150~170次，练习的时间应在30分钟左右。

二、心肺适能的锻炼手段

（一）800米循环跑竞赛

将学生分成两组，两组人数均等，各组纵队排列围跑道匀速跑，排在最后的学生向排头跑，成为新的排头，然后最后一个学生再向排头跑。循环10次，完成10次循环且先跑完800米的组获胜。

（二）寻字游戏

在校园找几个区域，在比较隐蔽的位置放上写好名言的卡片，给学生发放校园地图，让学生寻找卡片，让不同学生找不同位置的卡片，但距离应接近，最先找到卡片且把卡片带回教室的学生获胜。

（三）单人与多人跳绳

单人或多人跳绳比赛，计时1分钟，允许中途间断，累计1分钟的总跳绳次数。

（四）向前快速跑桩

1. 一步一桩

将 8~10 个桩整齐摆放在一排，相邻两个桩之间保持 60~80 厘米的间隔距离，屈膝，身体前屈，做好跑步的准备姿势，以前脚掌着地的方式快速跑进，每跑一步跨过一桩，依次跨过所有桩后返回继续练习。

2. 两步一桩

将 8~10 个桩整齐摆放在一排，相邻两个桩之间保持 60~80 厘米的间隔距离，屈膝，身体前屈，做好跑步的准备姿势，以前脚掌着地的方式快速跑进，每跑两步跨过一桩，依次跨过所有桩后返回继续练习。

（五）分腿、并腿跳

将 8~10 个桩整齐摆放在一排，相邻两个桩之间保持 60~80 厘米的间隔距离，分腿跳过第一个桩，再并腿跳过第二个桩，分腿跳过第三个桩，依次跳完所有桩后返回。

第三节　柔韧适能锻炼

柔韧适能通常被认为是人体各个关节进行的屈伸动作以及其动作的活动范围。它与力量素质、速度素质和其他运动能力不同的是，柔韧适能不属于运动的原动性因素，它负责支撑运动器官的形态功能、决定运动器官之间相互的活动程度，它对动作的完成质量起到潜在的决定作用。因为发展柔韧适能的关键因素是人体的关节和韧带组织，所以其发展的最佳时期是在儿童青少年时期，这一阶段如果接受恰当的、有针对性的锻炼，无须很多时间青少年就能收到明显的效果，也降低了受伤概率以及锻炼强度。

一、影响柔韧适能的因素

（一）肌肉和韧带组织的弹性因素

肌肉和韧带组织的弹性是决定着柔韧适能的最主要因素。而决定肌肉与韧带性质的首先是遗传影响，其次是性别、年龄及中枢神经系统的兴奋性。中枢神经系统的影响也就是情绪对柔韧能力的影响。比如在重要的比赛中，运动员由于情绪高涨而会影响到肌肉的弹性，表现为运动员在比赛中比在平时锻炼时会有更佳的柔韧能力。

（二）关节结构因素

关节的结构对柔韧适能的影响是相对稳定而最不易改变的，基本上由遗传基因决定。锻炼可以在一定程度上改变关节内软骨形态的变化，但是这种变化非常有限，不可能超出关节的活动许可范围。

（三）关节周围组织的体积因素

关节周围组织体积影响和制约着身体柔韧适能的发展。一般而言，关节周围组织体积的大小是由基因决定的，在此基础之上，如果运动员由于锻炼强度加大而使关节周围组织体积增大，那么将影响关节的活动范围。

（四）紧张因素

运动员的心理情绪变化可以通过中枢神经系统、体液调节等影响到有机体各部位的工作情况。适度的紧张情绪有助于柔韧表现，而情绪过度强烈和时间过长或者过度紧张会抑制身体各个部位的正常活动，也包括柔韧适能。

（五）环境温度和时间因素

经过科学研究，18℃以上的环境最适合机体柔韧适能的发挥。同时，在一天的不同时间段，机体的柔韧适能也有所不同。除一天之内的温度变化因素外，更重要的原因来自生物体本身在一天当中的机能状态也在变化之中。比如，刚睡醒时人体柔韧适能较差，中午比早晨好。在早晨进行柔韧适能练习是因为经过一夜的休息，肌肉的张力得到充分调节，多余的肌紧张已消除，肌肉处于松弛状态，韧带易于拉开。

二、柔韧适能的锻炼原则

青少年时期关节韧带的伸展性大，此时开展柔韧适能的锻炼更有成效。成年以后，一般很难显著发展动作幅度，甚至伴有动作幅度的减小。因此，从少儿时期开始进行系统锻炼，是发展柔韧适能的重要手段。发展柔韧适能有以下四个原则。

（一）越早越好

和其他身体素质不同的是，发展机体的柔韧适能的最佳时间主要是幼儿和少年时期，一旦进入成年期，柔韧适能的提升空间则大打折扣，因此，无论是职业运动员还是普通的健身人群，发展柔韧适能一定是越早越好。

我国武术界、杂技界对柔韧适能发展具有丰富的经验。在儿童期发展柔韧性最有利，因为柔韧适能的发展是参与在机体自然生长发育的过程中，因此发展相对容易，而且也更容易巩固和保持，不易减退。

（二）循序渐进

身体的柔韧适能主要靠拉长肌肉和结缔组织，以及增强关节的灵活性达到。在锻炼的过程中，无论是静力拉伸，还是动力拉伸，要注意循序渐进，用力过猛或者锻炼过度反而会适得其反。

另外，柔韧适能练习与力量锻炼相结合效果会更好，因为柔韧适能的提高，要有一定的肌肉力量作为基础。在锻炼前要做好充分的准备活动，用来提高体温，降低肌肉黏滞性，提高其伸展性。

由于肌肉、韧带的伸长不是一朝一夕的工作，所以柔韧适能的练习要循序渐进。直接拉长肌肉会出现疼痛现象，因此不能盲目地设定目标或增大强度，应该以原有水平作为衡量标准，逐步完成锻炼目标。如果需要同伴协助进行被动性练习，应该更加谨慎，避免肌肉和韧带的拉伤。

（三）无须达到最大限度

尽管对于某些专项运动柔韧适能至关重要，但是在锻炼中只要保证能顺利完成动作，或者做适当的"柔韧性储备"即可，没有必要使柔韧水平达到最大限度。

（四）持之以恒

柔韧适能的锻炼需要持之以恒地进行，如果三天打鱼两天晒网，那么很难获得真正的提升。并且，一旦间断，那么前期训练得到的效果也会很快消失。因为柔软适能在一般生活中很难用到，唯有刻意练习才能保持柔韧适能在一定的水平之上。①

三、柔韧适能的锻炼方案

柔韧适能的锻炼方案并没有特别之处，基本上都沿用一套比较经典的方案，具体如表5-1所示。

表5-1　柔韧适能锻炼方案②

部位		项目		
腿前	动作形式	站立屈膝 跪式：双膝跪地，小腿贴地，上身后仰 单边跪式：单膝跪地，小腿贴地，另一腿伸直，上身后仰		
	时间强度	15秒×10次	20秒×7次	30秒×5次
	锻炼频率	3次/天	2次/天	1次/天

---

① 张立. 发展柔韧素质的训练　促使素质转移 [J].景德镇高专学报, 1995（2）：31-34.
② 徐玉明. 体适能评定与发展 [M].北京：北京体育大学出版社, 2013.

续表

部位	项目			
小腿	动作形式	弓箭步式：一脚在前，另一脚在后膝盖打直，重心放在后脚 立姿：双脚踩在 5 厘米的台上，脚跟着地，身体向前倾		
	时间强度	15 秒×10 次	20 秒×7 次	30 秒×5 次
	锻炼频率	3 次/天	2 次/天	1 次/天
腰部	动作形式	体前屈：双脚脚掌相对，将身体前压 转腰：坐姿，一脚跨过另一脚，屈膝至对侧，手扳着屈膝脚，身体转向屈膝脚		
	时间强度	15 秒×10 次	20 秒×7 次	30 秒×5 次
	锻炼频率	3 次/天	2 次/天	1 次/天

四、柔韧适能锻炼的具体方法

锻炼柔韧素质的方法有很多，一般是按照一般柔韧适能和专项柔韧适能来分类的。专项柔韧适能的锻炼方法分类众多，这里不做具体讨论。因为一般性柔韧适能是专项柔韧发展的基础，一般柔韧适能的锻炼方法适用性也较广，因此这里以动力性和静力性柔韧适能发展方法为指导，提出八种一般性柔韧适能锻炼的具体方法：

（一）颈部柔韧练习

1. 静力性练习

一般方法是使头部尽可能地屈、伸、侧倒至最大限度，然后维持一段时间的静止。

2. 动力性练习

头部在尽可能大的活动范围内做绕环运动，或练习者双手托下颌，向左、右方向做头部的运动练习。

（二）肩关节柔韧练习

1. 静力性练习

采用正、反、侧三个面的压肩、控肩、扳肩练习。

2. 动力性练习

双手握棍进行转肩练习，或借助弹力带做拉肩、转肩及轮臂练习。

（三）肘关节柔韧练习

1. 静力性练习

可采用屈肘、反关节压肘至最大活动范围，并使之维持一段时间。

2. 动力性练习

最常用的方法是做肘部绕环运动，首先固定肩关节的活动，其次使上臂保持在一个水平面上，最后以肘关节为轴做绕环练习。

（四）腕关节柔韧练习

1. 静力性练习

同样是采用屈腕和伸腕至最大活动范围并维持一段时间的静止练习。

2. 动力性练习

采用手腕绕环运动、抖腕运动等手段。

（五）腰部柔韧练习

1. 静力性练习

主要方法有下腰和控腰两种，注意用力缓慢。

2. 动力性练习

可采用腰绕圈、扭腰等方法练习，同样需要注意用力不要过猛。

（六）髋关节柔韧性练习

1. 静力性练习

可采用耗腿，控腿，纵劈叉、横劈叉、抱腿前屈等练习。

2. 动力性练习

可采用扳腿、向前面、侧面踢腿，以及外摆、盘腿压膝等练习。

（七）膝关节柔韧性练习

1. 静力性练习

主要有压膝和屈膝两种方法。

2. 动力性练习

采用膝绕环、快速蹲立练习。

（八）踝关节柔韧性练习

常用的方法有坐踝、绷脚面、勾脚尖以及提踵等练习。

五、柔韧适能锻炼的注意事项

（一）循序渐进

柔韧适能的发展需要循序渐进。只有保持不断地锻炼，并逐渐提升锻炼的难度，才能感受到训练的效果。如果急于求成，每次都采取高强度的锻炼，那么不仅不会获得想要的柔韧程度，反而还可能给身体造成伤害。

循序渐进的另一个含义就是要持续不断地进行锻炼，这样才能保持训练的效果，如果长时间停止锻炼，那么原来辛苦获得的柔韧水平也会不同程度地消退。每次柔韧锻炼的时间也不宜过长，因此最好穿插在其他身体锻炼之间进行，这样既可以避免让身体感到疲惫，又不会觉得枯燥，一举两得。比如，每天拿出 30~40 分钟用于柔韧适能的锻炼，然后再进行力量或者平衡等其他锻炼内容。让青少年在锻炼之间获得休息，同时，一旦感受到锻炼的进步，也能激励青少年更加热情地投入训练。

（二）多项素质一起发展

柔韧适能是辅助身体其他素质发挥的一种素质，因此在锻炼的时候就要结合其他素质一起进行。通过相互间的配合，能得到更好的效果。另外，多种素质协调进行，还可以促进相互间的转移，如合理设计柔韧与力量、柔韧与协调、柔韧与平衡适能的锻炼，使各项素质产生加成效果，同时还能起到保护关节的作用，避免损伤的发生。

（三）放松活动很重要

在柔韧锻炼之后，身体的关节被极大扩展，肌肉也被拉伸，因此，为了帮助机体的恢复，在锻炼后必须要进行放松练习。简单地说，放松练习就是针对刚刚锻炼时被展开的部位，做相反方向的活动，动作要轻缓，程度要略低，主要是让刚刚工作的关节和肌肉得到全方位的放松，并且使锻炼部位的血液循环更为通畅，以保证营养的供应，促进机体恢复和柔韧适能的提高。

第四节　平衡适能锻炼

平衡适能对于发展其他体适能具有重要的支持作用。锻炼好平衡适能，能提高整个身体的协调能力，能让其他体能更好地发挥。

一、影响平衡适能的因素

（一）核心力量不等同于平衡力

曾经有这样一个错误的观念，将核心力量与平衡力的概念相混淆，认为核心力量就是平衡力，两者不分彼此。事实上，核心力量是决定平衡力的一个最重要的因素，但是核心力量并不能决定所有部位的平衡力。平衡力除有核心肌群支持外，还有如四肢、小腿肌群、踝关节等许多部位也起到保持身体平衡的关键作用。所以，如果简单地将核心力量理解为平衡力，那么必然会影响锻炼的方向和效果，造成平衡力的严重缺失。

（二）神经系统的控制力

神经能力薄弱是影响平衡力的几大因素之一，如果神经系统对身体的控制能力较弱，比如常常见到的重心不稳的问题，就与运动员的神经能力有关，因此平衡力较差，身体难以稳定。

（三）力量水平的重要性

除了重心稳定与否，力量水平同样也影响着平衡力的强弱。只有具备了足够的力量水平，才能确保身体无论是在动态还是静态下，都能够保持相对的稳定或者平衡。特别是在有对抗的状态下，力量的大小直接决定着保持身体平衡的能力。

（四）锻炼缺乏针对性

与柔韧适能、协调适能一样，平衡适能也是难度较高的锻炼内容，并不是随便练练就可以的，在缺乏针对性的前提下锻炼平衡力，那么结果与力量锻炼是一样的，会让所有的"努力"与时间一起付之东流。而且，平衡力的锻炼丝毫不比力量锻炼更简单，是需要用心地、刻苦地练习才能得到提高。

（五）柔韧性与协调性较差

如上述一再强调的协调性、柔韧性与平衡力三者是相辅相成、相互促进的关系，特别是平衡力的锻炼，协调性和柔韧性的缺失是不足以在标准姿势下完成相应锻炼动作的。如果想强化平衡力，必须保证有足够的柔韧素质和协调素质作为基础保障，否则再多练习也是徒劳。

二、平衡适能锻炼的基本原则

（一）重视对四肢的锻炼

虽然核心力量对维持身体躯干的稳定性、重心以及力量传导有极大意义，但是核心力量不足以完全决定平衡力的表现，它只能决定部分的平衡力，要想完整地掌握平衡力还应该注意发展四肢的平衡力的锻炼。因为人体的平衡力不仅靠核心肌群决定，还需要关注其他有直接影响的部位，而四肢就是非常重要的部位。比如那些在运用平衡力较多的体操项目中，可以说平衡力有一大部分都是靠着手或者脚的支撑来实现的。如果在锻炼计划中忽略了手部或脚部支撑以获得平衡的锻炼，那肯定不是完整的平衡力锻炼。其中手部的平衡力锻炼，又是被忽略最多的。

（二）重视力量锻炼

对平衡适能的锻炼，常常会忽视力量锻炼，一些力量锻炼比如爆发力、绝对力量都要求运动员具备一定的平衡性，否则不足以完成具有一定负荷的动作。因为力量对平衡的加成作用非常明显，力量基础比较弱的青少年在完成一些动作时会明显地大打折扣。

此外，较好的力量素质可以提高神经的控制能力，进而能提升平衡能力。因此加强神经系统对于肢体的控制能力，能够突破平衡力锻炼时可能会遇到的瓶颈或阻碍。

（三）与其他素质相结合

柔韧性、协调性与平衡力三者相互促进，相辅相成，可以结合锻炼。

（四）缩小锻炼空间

与协调性锻炼一样，通过缩小锻炼空间或锻炼目标，对平衡力有较大的提高。比如从踩平衡垫摸桶到踩平衡垫摸小球等。

三、平衡适能锻炼的基本方法

（一）弹跳床

1. 弹跳床上动态平衡站姿

站在弹跳床上，不断变换各种动作并保持身体平衡。

2. 平衡床上高抬腿

在弹跳床上做高抬腿锻炼，保证高抬腿的频率相对稳定，身体相对平衡。

（二）平衡垫

1. 踩平衡垫摸桶

分别在正前方、前方偏左、前方偏右的位置放置三个稳定的小桶，以双手可以摸到的距离为宜。双脚踩平衡垫并下蹲摸桶，由左至右每次摸一个然后起身，再下蹲摸下一个。

2. 穿行平衡垫

单排放置一列平衡垫，它们之间以一步距离为佳。要求运动员从一侧平稳、匀速地踩平衡垫通过至另一端。

3. 平衡垫拍球

双脚各踩一个平衡垫，在动态平衡的前提下做拍球练习。

（三）悬吊锻炼

1. 上肢锻炼

（1）双臂俯卧撑。

需要双手握住吊环，合拢双脚，伸直双臂，进行俯卧动作。在锻炼过程中，一套动作完成需要 2 秒，在完成动作后，要继续同样的动作，这样重复锻炼 10 次，完成的组数控制在 5～10 组，每组间隔控制在 50 秒。在锻炼过程中身体要保持平衡，切记腿部不能发力，且在屈肘时身体要保持平衡。

（2）双臂仰卧屈臂上拉。

仰卧在垫子上，伸直双臂握住悬吊环，双脚合拢。锻炼时需要将屈臂上拉身体的动作放缓，并且身体在与地面达到 70°夹角时还原身体。每组动作做 13 次，每组间歇 50 秒，每次锻炼完成 5～10 组。

2. 下肢锻炼

运动员站立时需要背向悬吊绳，单脚套于悬吊环上。然后缓缓地下蹲，并且始终与地面保持平行，移动吊脚，当运动员感受到拉伸感之后还原动作。运动员需要完成这样的动作 10～15 组，每一组完成 25 次。完成后换另一只脚交替进行锻炼。在锻炼过程中要始终绷直身体，在下蹲的过程中膝关节要始终保持在脚尖的上面。

3. 核心区域的锻炼

（1）双肘静力支撑双腿悬吊。

在锻炼的过程中，运动员坐在垫子上交叉吊环，然后双手握紧吊环，并及时将双脚套住伸展双臂支撑。完成动作后，静止 45 秒左右，重复动作，以重复 3 组为宜，间歇 45 秒后开始下一组动作。在锻炼过程中运动员需要注意确保躯干始终处于水平状态，呼吸保持匀称。

（2）仰卧双腿悬吊挺髋。

运动员双手握住悬吊环，然后将双脚的脚跟挂住。仰卧时双肩贴住垫子，身体展开自然放松。屈膝时动作要缓慢进行，同时注意固定双臂、提髋，提髋到一定高度后保持静止 45 秒。然后开始下一组动作，完成 3 组，每组间隔 45 秒。在锻炼过程中需要注意的是动作要保持匀速，身体需绷直，且保持均匀的呼吸。

四、平衡适能锻炼的注意事项

（一）需要结合其他素质

平衡适能、柔韧素质和协调素质三者相辅相成、三者互为前提、互为掣肘，在锻炼平衡能力的时候，应该有机地结合协调素质、柔韧素质一起锻炼。若要提高平衡适能需要借助柔韧和协调方面的辅助锻炼，会得到较好的效果。

（二）注意安全防护

特别是做动态平衡适能练习的时候，应该由简单的动作开始，根据自身现有的水平逐步增加锻炼难度，注意安全防护，防止平衡力失控的时候受伤。

健康体能锻炼中，平衡力健身锻炼计划如表5-2所示。

表5-2　平衡力健身锻炼计划

周期	8周	
间歇	组间和动作间的间歇均≤1分钟	
要求	与基础力量、柔韧性以及协调性锻炼相结合	
一周锻炼计划示例	练习内容	练习手段
周一	平衡力练习	以下练习各20次 （1）慢速独木桥练习 （2）俯平衡练习（保持最长时间） （3）"金鸡独立"（保持最长时间）
周二	力量练习	（1）静力深蹲负重：70%强度，每次持续30秒，重复4次 （2）箭步蹲：以50%、60%、70%的强度各做2次，以80%、90%以及极限强度各做1次 （3）支撑深蹲：以50%、60%、70%的强度各做2次，以80%、90%以及极限强度各做1次
周三	平衡力练习	同周一平衡力练习
周四	力量练习	同周二力量练习
周五	柔韧性练习	以下练习每个10次，每次20秒 （1）坐角式练习 （2）三角式练习 （3）直角式练习 （4）肩部柔韧练习 （5）坐姿屈髋练习
周六	力量练习	同周二力量练习
周日	休息（辅助练习）	
辅助练习	每日慢跑1千米+卷腹100个+基础柔韧锻炼（周五除外）	

青少年体育项目锻炼与健康促进

  青少年参与体育锻炼，除进行基本的体适能锻炼外，还要参加丰富的体育运动。体育运动项目丰富，内容多样，青少年可以根据自己的体质情况、兴趣爱好和运动目的选择适合自己的项目，并坚持不懈地参与其中，长期保持良好的锻炼习惯，这样不但可以增强体质，提升健康水平，还能提高运动技能水平，有望发展成为有潜力的青少年运动员。本章主要选取田径、篮球、足球、武术、跆拳道等青少年喜闻乐见的体育项目，针对它们的健康价值和锻炼方法展开分析，从而为青少年参与这些项目锻炼提供实践指导。

第一节　田径运动健康价值与锻炼方法指导

一、田径运动健康价值

（一）促进身体健康

利用田径运动的走、跑、跳、投等基本动作，可以使人的肌肉、骨骼、神经系统和循环系统获得改善，帮助促进人体的消化吸收、加速血液循环等。在长慢跑或慢走过程中，人体在有氧情况下运动，消耗能量较大，能够增强心脏和呼吸系统的能力，帮助提高人体的肺活量，防止心脑血管疾病的发生。短跑运动能够使有氧系统酶的活性增加，提高最大摄氧量，提高中枢神经系统兴奋和抑制的灵活性。跳跃运动能够提高身体控制，发展协调性、灵敏性，从而使感觉机能得到提高和加强。投掷运动能够使人体肌肉发达，力量增强，改善人体灵活性等。总之，田径运动项目的多样性，对提高身体相关能力和相应的身体素质，对不同人所需达到的健身效果是不同的。

（二）培养良好的心理素质

田径运动可以调节人的心理素质，通过走、跑、跳、投等简单或复杂的动作，有助于发展人的运动认知和运动思维，提高人的认知能力，强化练习者对动作的空间感知能力。人们在参与田径运动的过程中，不断挑战自我，公平竞争，在进取中体验到成功与失败，努力在积极情感和消极情感中快速转换。同时，在竞赛与训练中，面对心理压力，保持良好情绪，驾驭情绪，增进情感体验。运动者在运动过程中需要坚忍的毅力克服大强度负荷给机体造成的酸痛感，常常需要达到身体极限，甚至是心理上的疲劳，而在此过程中需要具备不怕困难，敢于吃苦的意志品质。同时，田径运动练习要承受一定的生理负荷和克服一定的心理障碍，还要遵循一定的练习方法、要求和规则，因此，能够培养良好的思想、心理品质。①

二、健身走锻炼方法

（一）散步

全身放轻松，昂头直背，两臂在体侧前后自然摆动，两腿交替屈膝前摆，脚柔和着地，一脚从足跟过渡到脚尖着地时，另一腿开始屈膝向前走。

（二）快步走

快步走锻炼中，一般 1 分钟走的距离为 130~250 米。快走时，上体稍向前倾，昂首挺胸，腹、臀部位适当收紧。行走中，两臂前后自然摆动，前摆时肘部屈到大小臂垂直，不高于胸，后摆时同样屈到大小臂垂直，摆幅随步幅而定。两脚以较为稳定的步幅快速交替。

（三）倒步走

步幅1~2脚长，直背松腰，平视前方。先以右腿为支撑腿，左脚后退，落地时从前脚掌过渡到全脚掌，重心顺势移到左脚，右脚以几乎相同大小的步子后退着地，两腿交替，两臂配合前后直摆。

三、健身跑锻炼方法

（一）原地跑

原地跑是一种比较适合在室内进行的健身跑形式，这一健身形式的

---

① 李雪艳. 新时代田径运动的健康促进价值研究 [J]. 体育科技，2018，39（6）：26-27.

适应性比较广泛，基本上不同的健身群体都能够参与其中。

学生可从自己的需要和情况出发来调整原地跑时间。在练习中，学生可通过逐渐增加跑速来提高运动强度，这样锻炼效果也会逐步提高。这种健身跑的方式可结合音乐进行，有助于激发学生的兴趣与热情。

（二）慢速跑

慢跑时，学生需根据自己的情况合理选择跑距（一般为 2500～3000 米），然后匀速跑完，每次锻炼半小时，一天一次或两天一次均可。

刚开始进行慢速跑时，跑速一般建议为 90～100 步/分钟，逐渐熟练后提高，适当增加到 110～130 步/分钟，不管在哪个阶段，都要注意匀速进行锻炼。

（三）跑楼梯

楼梯跑这种健身跑方式非常普遍，这是增强心肺功能、改善新陈代谢、预防骨质疏松的重要健身手段。在健身过程中，注意腰背、颈部和肢体的活动要连续不断地进行，肌肉的收缩运动要有节奏，注意适当放松。

（四）定时跑

定时跑有以下两种情况：

（1）每天跑一定时间，速度和距离没有限制。如开始时每周 2 次，每次跑半小时，以后每周增加到 3～5 次，每次跑步时间增加到 1 小时左右。

（2）限定在某段时间内跑完一定距离的方法。如开始时 5 分钟内跑完 500 米，以后随运动水平的提高可缩短时间，加快速度，或加长距离。这一锻炼形式对于提高速度、耐力、素质，增强体力具有积极的作用。

（五）跑跳交替

跑跳交替指的是经过一段距离的跑步之后跳几下，再跑一段距离，再跳几下。学生可根据自己的身体情况决定跑的速度，慢跑、中速跑均可，要求动作协调放松，轻松自如，节奏性良好。

由跑转向跳时，身体在向前跑的过程中尽量向上跳起几下，使身体肌肉、关节在长时间的连续活动中得到休息，这对于缓解疲劳，提高身体弹力具有重要的意义。

四、健身投掷锻炼方法——掷铅球

下面主要分析背向滑步掷铅球（右手持球为例）的技术锻炼方法。

（一）握球与持球

1. 握球

五指自然分开，把铅球放在食指、中指和无名指的指根处，大拇指和小指自然扶在铅球的两侧，手腕自然背屈（见图6-1）。

2. 持球

握好球后把铅球放在右侧锁骨外端，贴住颈右侧，掌心向内，右臂屈肘，从侧面看，右肘与身体处在同一平面（见图6-2）。

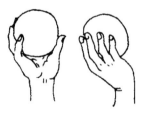

图6-1　握球

图6-2　持球

（二）预备姿势

右脚背对投掷方向，右腿直立。左脚在右脚后方 20~30 厘米处，脚尖点地，微屈膝，身体站立端正，颈部正直，左臂向前上方自然伸出（见图 6-3）。

（三）团身动作

团身动作是滑步的准备动作。在预备姿势的基础上，上体前俯，左臂下垂，同时左腿向后上方摆起，顺势屈右膝、收左腿、身体重心平稳下降，置于右脚前脚掌上，目视前下方（见图 6-4）。

图 6-3　预备姿势

图 6-4　团身动作

（四）滑步

滑步开始时，身体重心水平向投掷方向移动，左腿大腿带动小腿向抵趾板方向踹出，左脚沿地面滑动，经过投掷圈直径约 3/4 距离时外翻，最后落在抵趾板中间略偏左处。右腿配合左腿蹬伸，右脚动作似滚动，髋部伸展，然后右小腿迅速内收，右脚稍内扣。左臂轻快地向投掷反方向摆动，右手臂动作不变。

（五）最后用力

滑步结束后右脚脚跟不落地，右脚内侧用力形成侧蹬动作，右腿侧蹬伴有转动，推动身体向前。左脚落地后，左腿保持蓄力状态，随着重心前移，微屈左膝再伸直，形成支撑后的蹬伸用力动作。上体由向后伸展的背面转成侧面，身体呈侧弓形。

铅球出手时的身体姿势是：左腿蹬直，右腿蹬伸，抬头挺胸，右臂伸直，左臂在身体左侧，左手低于左肩。铅球出手角度约37°，出手点约在左脚脚尖上方或前上方。

滑步与最后用力的完整动作如图6-5所示。

图6-5　滑步与最后用力

（六）结束动作

铅球出手后，继续向投掷方向跟进，保持身体平衡，及时交换双腿改变运动方向，重心降低，左腿后退，保持身体平衡。

背向滑步技术难度系数比较高，训练时应该先以分解训练为主，在运动员掌握分解技术之后再训练动作的连贯性和流畅性。

第二节　篮球运动健康价值与锻炼方法指导

一、篮球运动健康价值

（一）增强体能

　　篮球运动在我国开展较为普遍，在学校更是普及性很强，是青少年比较喜欢的一项运动，因此要加强对青少年篮球锻炼的监督与指导，提高篮球锻炼效果，提升青少年身体健康水平。

　　篮球运动在发展体能素质方面具有重要作用。青少年参与篮球健身活动，有助于促进各方面体能素质的改善与提高。篮球运动中包含的身体活动形式丰富多样，如跑、跳、投等，篮球运动强度比较大，因此在提升人体机能水平、改善身体素质、提高人体活动能力和运动能力方面具有重要作用。此外，篮球运动是对抗运动，强度很高，可以促进人体新陈代谢，促进机体代谢率的提高，增强各器官功能，使人的体质及抵抗力从根本上得到改善与增强。参与篮球运动，能够为青少年提升与保持活力、提高学习效率打下坚实的基础。

（二）促进心理健康，提高社会适应能力

　　篮球运动是集体运动，为青少年近距离切磋和交流提供了机会。参加篮球运动能够缓解青少年的学习压力，使他们在篮球竞技中公平竞争，又能对其心理适应能力和社会适应能力进行培养，促进心理健康水平的提高。

　　作为典型的集体运动，篮球不仅能增进交流，协调人际关系，建立友谊平台，还能对团体拼搏精神、集体主义精神、遵守规则精神、协同配合能力进行培养，塑造良好的道德品质和个性品质，使青少年在篮球

运动中学会对个人与集体、竞争与合作的关系进行妥善处理。

总之，篮球运动具有强大的健身功能与非常重要的社会价值，这是青少年喜欢这项运动并乐于参与其中的一个主要原因。篮球运动对青少年的意义不仅体现在促进生理健康、心理健康的健康促进价值上。形式多样的篮球活动既能促进青少年体质健康，又能使青少年的课余生活变得丰富，从而使青少年养成健康的生活方式和良好的运动习惯，终身受益。

二、篮球锻炼的技术动作指导

（一）移动

1. 起动

两脚开立，屈膝，上体前倾，后脚蹬地，重心适当前移，屈臂前后摆动（见图 6-6）。

图 6-6　起动

2. 跑

若由右向左变向跑，最后一步时右脚前脚掌蹬地，屈膝，上体稍向左转再前倾；左脚向左前方迅速移动，右脚紧跟（见图 6-7）。

图 6-7　跑

（二）传球

以双手胸前传球为例。十指分开，拇指相对呈"八字形"，持球于胸腹之间，目视传球方向，后脚蹬地，重心前移，两手迅速伸向传球方向，拇指下压球，屈腕，食指和中指用力拨球（见图6-8）。

图 6-8　双手胸前传球

（三）接球

以双手接球为例。目视来球，手臂主动迎球，手触球后顺势屈臂后引，持球于胸腹之间（见图6-9）。

图 6-9　双手接球

（四）运球

1. 高运球

屈膝，屈臂随球上下摆动，上体向前，手拍球的上方，使球落在身体侧前方（见图 6-10）。

图 6-10　高运球

2. 低运球

屈膝，重心下移，上体前倾，右手短促拍球，球反弹后高度不超过膝关节，注意保护好球（见图 6-11）。

图 6-11　低运球

3. 转身运球

运球中若对手在右路堵截，左脚跨出做中枢脚，右手按在球的前上方，右脚蹬地，同时身体向后转，顺势把球带到体侧后，左手继续拍球（见图 6-12）。

图 6-12   转身运球

4. 背后运球

右手运球，向左侧变向时，右脚在前，将球引向身体右侧后，右手迅速转腕拍按球，球到身体左前方后，换左手运球，后脚蹬地向前突破（见图 6-13）。

图 6-13   背后运球

（五）防守

以抢球为例。防守者在持球者注意力分散时迅速抢球。要快而狠、果断抢球，控球后，利用拧、拉和身体扭转力量迅速收球，完成夺球（见图 6-14）。

图 6-14　抢球

（六）投篮

1. 原地单手投篮

双脚开立，屈肘，手腕后仰，掌心向上，持球于右眼前上方，左手扶在球侧，稍屈膝，上体前倾，放松，目视篮点。投篮时下肢蹬伸，手腕前屈，用指端拨球，食指和中指柔和地将球投出，自然跟进，注意动作保留（见图 6-15）。

图 6-15　原地单手投篮

2. 原地跳起右手投篮

双脚分开，屈肘，手腕后仰，掌心朝上，五指分开，左手扶在球侧，稍屈膝，上体稍向后倾斜，目视篮点。投篮时，下肢蹬伸，腰腹部伸展，前臂伸直，手腕前屈，利用手指弹拨球，最后食指与中指发力投球，右臂自然跟进（见图6-16）。

图6-16　原地跳起右手投篮

第三节　足球运动健康价值与锻炼方法指导

一、足球运动健康价值

（一）促进身体健康

1. 促进骨骼发育

青少年处于生长发育的重要阶段，如果能够进行系统、规律的运动锻炼，可以帮助他们的身体机能向更加健康的水平发展。在青少年时期进行科学的体育锻炼，可以有效促进骨骼生长和身高发育。骨骼作为人体结构的重要组成部分，既受先天遗传基因的制约，也受后天体育锻炼的刺激和影响。如果想要拥有一副高大挺拔的身材，在儿童和青少年时期加强提升骨骼性能将至关重要。尤其像足球这一类对全身机能都能进行锻炼的运动项目，能够很好地促进青少年骨骼发育、增强其性能，从而达到增强骨细胞增殖、提高骨细胞活力的目的。

足球是一项集多种动作技巧于一体的综合性运动项目，足球运动不仅具有技巧性，还具有趣味性，对于正处于身体发育期的青少年来讲，可以有效促进其身体发育，尤其是对骨骼的增长和强壮具有相当明显的效果。

2. 加速肌肉发育

肌肉组织对人体健康的作用不言而喻。要想获得健康有力的肌肉组织，必须经过长期、科学的运动。足球运动对青少年肌肉组织的发展非常有利。足球运动中，除守门员外，其他角色都需要大量地奔跑，在组织攻防的过程中要进行频繁的传接球动作，在这一活动中需要动员机体多处肌群的参与。为了能在足球活动中有效地发挥和运用各种技战术，需要在日常锻炼中进行基础素质和专项素质练习。所以，参加足球运动能够使青少年肌肉组织变得比较发达。

青少年代谢旺盛、身体发育迅速。如果此时能够得到科学合理的运动指导，势必对其肌肉组织的发育起到积极的促进作用。因此，应充分利用青少年身体发育的黄金时期，对其加强足球运动指导。足球运动作为一种全身性的体育运动，能够同时锻炼人体的力量、速度、敏捷等素质，以及转身、加速、变速等方面的能力。通过足球活动，可以增强青少年体质，促进其全身重要肌群的生长发育。事实证明，长期参与足球活动的青少年，其腿部肌肉发展得更为强壮。

3. 促进力量素质的发展

经常参与足球运动的青少年一般都具有较好的力量素质。进行足球运动首先需要适应长时间的奔跑，因此会逐渐发展快跑、中跑、慢跑、变速跑、快速启动、急停等能力。在各类的奔跑运动中，青少年的腿部、手臂等部位的力量素质能得到很好的锻炼。在进行远距离传球或射门时，更有助于很好地锻炼力量素质。除传球和射门外，在足球运动中还会有一定的身体碰撞，在合理冲撞范围内，青少年如果没有足够的力量，则很容易丢球，还容易受伤。所以，足球对锻炼青少年的力量素质有利，青少年拥有良好的力量素质也能在足球活动中有更好的表现。

4. 提高神经系统能力

经常参加足球活动的人能够拥有更加发达的神经系统。对于处于身体发育重要阶段的青少年而言，经常参与足球活动将起到促进神经系统发育的作用。通过系统和长期的足球锻炼，可以有效促进神经系统功能的增强，从而对提升整体身体素质、身体机能。具体来说，足球运动对青少年神经系统的影响主要表现在以下两个方面：

（1）足球是一项对技术和战术都有较高要求的运动项目。

足球的技术和战术对活跃及促进大脑神经的发育和生长起到积极作用。青少年在学习和掌握各种足球技术动作、战略战术的过程中会强烈地刺激和活跃大脑神经细胞。长此以往，脑神经系统会变得更加敏感。

（2）长期规律地参与足球活动还可以促进机体激素的分泌。

青少年在参与足球运动的过程中，为了适应运动需要，机体分泌出大量的生长激素，这些激素对于促进青少年的神经系统发育和整体身体发育具有重要作用。经常参加足球游戏活动的青少年往往免疫力更强，精神气质也更为积极向上。

5. 促进综合身体素质的发展

足球运动在锻炼身体灵敏度方面也有显著效果。足球能够使青少年的各个身体部位得到锻炼，也能锻炼身体综合素质，促进青少年身体灵活性、协调性的提升和平衡能力的发展。

（二）促进心理健康

1. 培养竞争意识和意志品质

竞争类的足球比赛或足球游戏能够激发青少年对胜利的渴望以及对机会的把握，培养他们的竞争意识、公平公正和遵守规则的意识。足球比赛中，青少年全力争取自己队伍的胜利，一些孩子甚至会因为球队没有取胜而哭泣，这极大地锻炼了青少年面对失败、挫折时的心理承受能力，将有助于培养他们坚韧不拔、永不言败的意志品质。

2. 提升团队合作意识

足球是一项极其强调团体协作的运动项目，需要团队的所有人协同合作、团结努力才能取得最终胜利。青少年在足球比赛中要相信自己的队友，学会将球准确传给队友，在队友需要时去接应，这将有助于提升合作意识和集体主义精神。经常参与足球运动的青少年更乐于和同学分享。可见，丰富有趣的足球运动对青少年的思想、行为和品质产生了潜移默化的积极影响。

3. 培养学习态度和智力

无论在平时的足球活动中，还是在足球比赛中，都要求队员在球场上集中注意力，善于观察，正确判断，实施合理的跑动和技术动作。足球比赛中都有很多不确定因素，因此要求队员更加专注于活动中不可预知的情况，队友之间相互提醒，这些都有利于促进青少年学习态度的提升。[①] 大量青少年在参与足球运动后学习态度明显改进。

足球活动过程同样是培养和开发智力的过程，是帮助青少年缓解学习压力和排泄不良情绪的过程，能够使青少年保持良好的情绪和积极的学习态度。

4. 培养自信心

青少年在各种各样的足球活动中常常会遇到各种困难，产生害怕的心理，当他们能够不断独立解决问题，并取得良好成效时，会随之产生良好的自我效能感，自信心不断提高。青少年在足球运动过程中分析问题和解决问题的能力也能得到提升，当他们在学习与生活中遇到难题时，能够独立思考，不再依赖父母或老师。由此可见，足球运动在提升青少年自信心方面的积极作用能够对其生活和文化学习产生积极影响。

二、足球锻炼的技术动作指导

（一）传球

传球是展开整体协作与配合的基本技术，攻守双方都要通过传球来

---

① 彭茂发. 健康中国背景下足球对儿童身心健康发展的影响［J］. 中国教育学刊，2020（1）：77-78.

展开对抗。传球时注意尽快完成传球动作，灵活传球，并隐蔽传球意图。

（二）接球

1. 脚内侧接球

以右脚接球为例。

（1）接空中球。

右脚脚尖翘起，右脚内侧触球后下压，使球落在脚前（见图6-17）。

图 6-17　接空中球

（2）接地滚球。

右腿屈膝，右脚稍抬触球后着地，并稍向上提，使球向身体侧对方向缓缓滚进（见图6-18）。

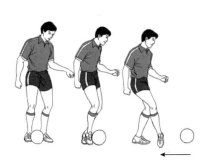

图 6-18　接地滚球

2. 脚背正面接球

以右脚接球为例。左脚支撑重心，右脚上抬接球，脚背触球后，右腿收回（见图6-19）。

图6-19　脚背正面接球

（三）运球

以运球过人为例。进攻队员逼近防守者，注意保护与控制球。过人时重心下移，用假动作诱引对方移动，然后迅速摆脱防守向目标方向移动（见图6-20）。

图6-20　运球过人

（四）踢球

1. 脚内侧踢球

以右脚踢空中球为例。快速移动，右腿抬起，小腿向后摆动，以脚内侧踢球的中部（见图 6-21）。

图 6-21　脚内侧踢球

2. 脚背内侧踢球

以右脚踢定位球为例。右腿屈膝，小腿前摆，脚尖对准目标方向，以脚背内侧踢球的后中部（见图 6-22）。

图 6-22　脚背内侧踢球

（五）头顶球

1. 原地顶球

稍屈膝，两臂屈肘张开，来球接近身体时，快速向前摆体，用前额正面顶球（见图 6-23）。

图 6-23　原地顶球

2. 原地跳起顶球

双腿屈膝同时起跳，两臂前摆，挺胸展腹，两臂张开，来球接近身体时，收腹，上体前摆用前额正面顶球。屈膝落地，保持平衡（见图 6-24）。

图 6-24　原地跳起顶球

3. 鱼跃头顶球

面向来球，双脚用力前蹬，水平跃出，两臂向前伸展，用前额正面顶球（见图6-25）。

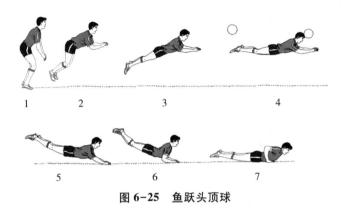

1　　2　　3　　4

5　　6　　7

图6-25　鱼跃头顶球

（六）守门

1. 准备姿势

两脚开立，两腿屈膝内扣，右脚跟稍抬，用前脚掌支撑重心，上体稍前倾。两臂在体侧屈肘，双手十指自然张开，掌心相对，目视来球（见图6-26）。

图6-26　准备姿势

2. 移动

为了堵截对方的传球和射门，必须根据对方射门前球和人的位置变化而调整自己的位置，通过侧滑步、交叉步而左右移动。

3. 接球

以扑接球为例。

（1）扑平空球。

在空中伸展身体，手指用力抓住球，接球后球、肘、肩、上体、臀、腿外侧依次着地并迅速团身（见图 6-27）。

图 6-27　扑平空球

（2）扑侧面球。

异侧脚用力蹬地，双手快速向侧面伸出，一手置于球后，另一手置于球的侧后上方。同时身体向同侧脚方向倒地，落地后即团身（见图 6-28）。

图 6-28　扑侧面球

4. 托球

准确预判来球轨迹，然后向后跃起，靠进球一侧的手臂向后充分伸展，五指微张，以前掌托球（见图 6-29）。

图 6-29　托球

第四节 武术运动健康价值与锻炼方法指导

一、武术的健康价值

（一）促进身体健康

武术是一项技击运动，它要求人体本身必须直接参与活动，这一本质特点决定了武术具有健身功能。

武术的健身功能具体表现在以下三个方面：

1. 提高中枢神经系统的兴奋性

参与武术运动所完成的各个动作都是受大脑运动中枢支配的，所以通过武术锻炼可以提高中枢神经系统的兴奋，改善和提高中枢神经系统的工作能力，使人思维敏捷，头脑清醒。

2. 促进生长发育，提高运动能力

武术运动包括各种步法、腿法、拳法、基本功，尤其是成套动作灵活多变、快速敏捷的特点对人体各运动器官的协调平衡，对力量、速度、耐力、柔韧、灵敏等素质及心肺功能都起到极大的促进作用，能够从各方面促进青少年生长发育，提升身体素质和运动能力。

3. 增强心肺功能

武术锻炼，尤其是连贯衔接的成套动作锻炼能够使人的心、肺等器官功能发生变化，促使这些器官生理机能的提高。经常参加武术锻炼能使心脏产生运动性肥大，心肌增强，心壁增厚，心腔容积增大。在机能上，心肌的每搏输出量增加，而心搏频率减少，出现"节省化"现象，并促使肺活量增大，呼吸深度加深，这些都有利于增强心肺功能。

（二）促进心理健康和道德健康

1. 提升意志品质

武术不仅可以强壮体魄，提高人体的健康水平，同时还对培养顽强的意志品质具有重要的促进作用。从开始学习武术到具备一定的技能水平，整个过程几乎无时无刻不在考验青少年的意志品质。和学习其他传统技艺一样，刚起步的时候都是从苦练基本功开始，而且传统技艺的训练方式是相对单调和枯燥的，它是通过用一种极为严苛的方式来训练初学者，这对于很多人来讲都是一种巨大的考验，需要青少年具有明确的学习动机和坚韧的品质，才能熬过最初的各种疼痛和不适。在进入套路的学习时，也常常以一遍遍地重复某一动作为练习内容，同时还要忍受练习时各种拍、打、摔等动作带来的疼痛感，这些都是在挑战青少年的意志品质。但是，青少年通过一次次克服恐惧、迎难而上并取得进步时，也达到了磨炼意志的效果，并培养了勇敢顽强、积极进取的精神气质。

2. 提高道德素质

武术文化中讲究"文以评心，武以观德"，这显示出武术文化对武德的格外重视。无论是哪个流派对习武者的道德修养都有非常高的要求，甚至认为武德的重要性要高于武艺，因此自古武术文化中都非常重视对武德的教育。习武之人追求"扬善惩恶"的道德观念，至今民间仍流传着古时为弱势百姓主持正义的侠客的传说和佳话。因此，习武者自古就有很高的道德声望，并且也让后来的学习者也自觉以较高的道德标准要求自己。

武术运动中隐含着很多重要的道德要求，它潜移默化地塑造着习武之人的内在品质和心理素质。习武之人讲究"一身正气"，是指接受武术训练或武术文化教养的人应该由内而外地散发着正直、正派和正义的精神面貌。这其实就意味着武德的教育并非仅仅是意识层面的教诲，而是对人的行为举止、身体姿态，甚至神情面容都有具体的要求。因此，武术对人的道德教育是渗透到武术训练之中的，只有对武术文化底蕴进行深入挖掘与研究，才能客观、全面地认识武术的教育意义。

二、武术基本功锻炼方法

（一）肩功

武术肩功习练旨在增加个体肩关节韧带的柔韧性，具体习练内容和方法如下：

1. 压肩

面对肋木或一定高度的物体开步站立，与肩同宽或略宽，两手抓握肋木，上体前俯下振压肩，或由他人协助做扳压肩部的练习。

2. 转肩

开步站立，两手握棍于体前，与肩同宽，上举绕至体后，再向上绕至体前。

3. 臂绕环

（1）单臂绕环：左弓步开始，以前绕环为例，左手按于左大腿上，右臂上举，由上向前、向下、向后绕环一周为前绕环。

（2）双臂绕环：左右两臂依次在体侧划立圆绕环。

（二）腰功

武谚云："练拳不活腰，终究艺不高"。腰功是武术基本功习练的重要内容，具体习练方法如下：

（1）前俯腰：两脚并步站立，上体前俯，膝关节挺立，两掌心尽量贴地或两手分别抱住两腿跟腱处，胸部贴近腿部。

（2）侧俯腰：并步站立，上体左转向左侧下屈，两手掌心触地。

（3）下腰：两脚开立，腰向后弯，抬头、挺腰向上顶，两手撑地呈桥形。

（三）腿功

1. 压腿

（1）正压腿：面对肋木，并步站立。一腿抬起，脚跟放在肋木上，脚尖勾紧，立腰，收髋，上体前屈，向前下、向下做振压运动。

（2）侧压腿：侧对肋木，一腿支撑，脚尖外展，另一只脚的脚跟放在肋木上，脚尖勾紧，踝关节屈紧，直腿，立腰、展髋，上体向侧振压。

（3）后压腿：背对肋木站立，上身挺直，一腿支撑，另一腿后伸，将脚背放在肋木上，脚面绷直，上体向后振压。

2. 扳腿

（1）正扳腿：一腿直立支撑，另一腿屈膝上提，同侧手压住上提腿膝关节，或在同伴的帮助下完成直腿上扳。

（2）侧扳腿：以右侧扳腿为例，左腿直立，右腿屈膝提起，右手经小腿内侧托住脚跟，然后将右腿向右上方扳起。或由同伴托住右脚跟向侧上方扳腿。

（3）后扳腿：手扶一定高度的物体或肋木，左腿支撑，由同伴托起右腿从身后向上扳举，挺膝，脚尖绷直。

3. 踢腿

（1）正踢：手扶肋木，并步侧向站立。一腿支撑，另一脚勾起，挺膝上踢。

（2）侧踢：双手扶肋木，丁字步站立。一腿支撑，另一腿侧踢。

（3）后踢：双手扶肋木，并步站立。一腿支撑，另一腿挺膝向后上踢起。

（四）桩功

桩功是武术基本功中一种独特的锻炼方式，旨在稳固下盘力量，具体练习方法如下：

（1）马步桩：两脚平行开立，脚尖朝前，屈膝半蹲，大腿接近水平，全脚着地，身体重心落于两腿之间。两臂微屈平举于胸前，掌心向下，目视前方。

（2）虚步桩：两脚前后开立，右脚外展45°，屈膝半蹲，左脚脚跟提起，脚面绷直，脚尖稍内扣，虚点地面，膝微屈，重心落于右腿上。两手抱拳于腰间，目视前方。

（3）升降桩：两脚开立，屈膝，屈肘，手心向下，举于胸前，配合呼吸做升、降动作。

（4）开合桩：两脚开立，屈膝略蹲。两臂屈肘，手心向内，指尖相对，合抱于体前。随自然呼吸，做开、合运动。

三、武术成套动作锻炼方法——以二十四式太极拳为例

太极拳是我国传统的体育形式，在国内外都有众多的太极爱好者。历史上流传着很多关于太极拳起源的传说，事实上，明末清初河南温县的陈王廷最早传习太极拳，这一起源已经得到了中国武术史学家唐豪的考证。陈王廷将古代的导引养生术和经络学说结合起来对道家的《黄庭经》展开了研究，并以戚继光的《拳经》为参照，博采众长，经过不断的继承和创新，对陈式太极拳进行了创编。陈式太极拳的发展历史已近400年。

太极拳简单而又高深，其集练气、健身、养生、防身、修身于一体，对促进青少年身心健康十分有益，因此受到了学校的青睐，纷纷将此作为体育教学内容引入学校课堂中。学习太极拳可以从二十四式太极拳开始，这是一套初级的太极拳套路，非常适合新入门的学生。二十四式太极拳是对传统太极拳的高度凝缩和提炼，动作规范，套路流畅，熟练地掌握二十四式太极拳，对人的气息、身体形态以及力量等具有较好的健身功效。

（一）第一组

1. 起势

左腿向左移动一步，两臂前平举，双膝稍屈，按掌（见图6-30）。

图 6-30　起势

2. 左右野马分鬃

抱手收脚，转体迈步，弓步分手；转体撤脚，抱手收脚，转体迈步，弓步分手（见图 6-31）。

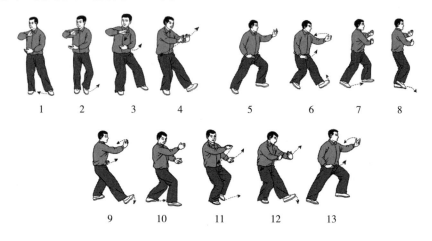

图 6-31　左右野马分鬃

3. 白鹤亮翅

跟步抱手，臀部后坐同时转体，虚步分手（见图 6-32）。

图 6-32　白鹤亮翅

（二）第二组

1. 左右搂膝拗步

腰部与胯部放松，肩下沉，肘下垂，弓步推掌（见图 6-33）。

图 6-33　左右搂膝拗步

2. 手挥琵琶

跟步展臂，身体后坐挑掌，虚步送手（见图 6-34）。

图 6-34　手挥琵琶

3. 左右倒卷肱

转体撒手，提膝屈肘，退步错手，虚步推掌（见图 6-35）。

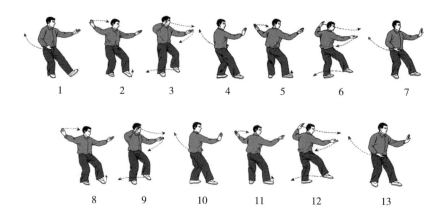

图 6-35　左右倒卷肱

（三）第三组

1. 左揽雀尾

转体撤手，抱手收脚，迈步分手，弓步拥臂，转体摆臂，转体后
捋，转体搭手，弓步前挤，后坐收掌，弓步前按（见图 6-36）。

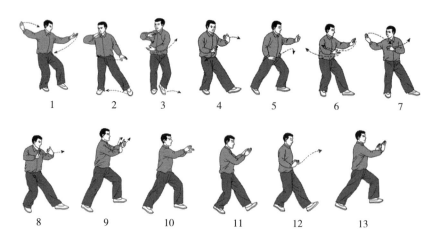

图 6-36　左揽雀尾

2. 右揽雀尾

转体撤手，抱手收脚，迈步分手，弓步拥臂，转体摆臂，转体后捋，转体搭手，弓步前挤，后坐收掌，弓步前按（见图 6-37）。

图 6-37　右揽雀尾

（四）　第四组

1. 单鞭（1）

转体摆臂，勾手收脚，转体迈步，弓步推掌（见图 6-38）。

图 6-38　单鞭（1）

2. 云手

转体扣脚，转体松勾，收步云手，开步云手（见图6-39）。

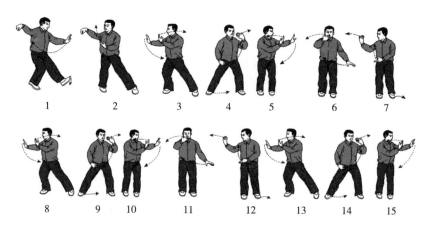

图6-39 云手

3. 单鞭（2）

转体勾手，转体迈步，弓步推掌（见图6-40）。

图6-40 单鞭（2）

（五）第五组

1. 高探马

跟步松手，身体后坐并翻手（见图6-41）。

图 6-41　高探马

2. 右蹬脚

穿掌提脚，迈步翻手，分手弓腿，跟步合抱，提膝分手，分手蹬脚（见图 6-42）。

图 6-42　右蹬脚

3. 双峰贯耳

屈膝落手，迈步分手，弓步贯拳（见图 6-43）。

图 6-43　双峰贯耳

4. 转身左蹬脚

转体分手，收脚合抱，提膝分手，分手蹬脚（见图 6-44）。

图 6-44　转身左蹬脚

（六）第六组

1. 左下势独立

收脚勾手，屈膝下蹲成开步，仆步穿掌，弓腿起身，独立挑掌（见图 6-45）。

图 6-45　左下势独立

2. 右下势独立

落脚勾手，屈膝下蹲成开步，仆步穿掌，弓腿起身，独立挑掌（见图 6-46）。

1   2   3   4   5   6   7

图 6-46   右下势独立

（七）第七组

1. 左右穿梭

落脚转体，抱手收脚，迈步错手，弓步推架；转体撇脚，抱手收脚，迈步错手，弓步推架（见图 6-47）。

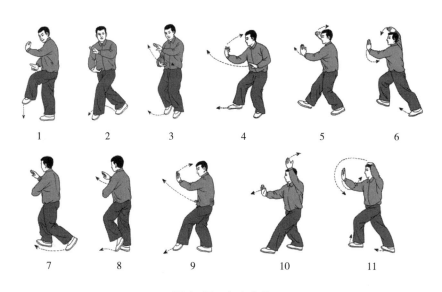

1   2   3   4   5   6

7   8   9   10   11

图 6-47   左右穿梭

2. 海底针

跟步松手，身体后坐并提手，虚步插掌（见图 6-48）。

图 6-48　海底针

3. 闪通臂

提手收脚，迈步分手，弓步推掌（见图 6-49）。

图 6-49　闪通臂

（八）第八组

1. 转身搬拦捶

转体扣脚，坐身握拳，垫步搬拳，转体收拳，上步拦掌，弓步打拳（见图 6-50）。

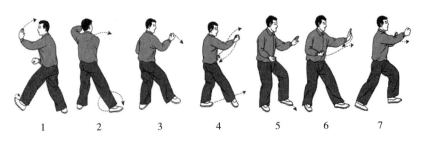

图 6-50　转身搬拦捶

2. 如封似闭

穿掌翻手，身体后坐并收掌，弓步按掌（见图6-51）。

图 6-51　如封似闭

3. 十字手

转身扣脚，弓腿分手，转体落手，收脚合抱（见图6-52）。

图 6-52　十字手

4. 收势

翻掌分手，分手下落，双脚并立还原始起姿势（见图6-53）。

图 6-53　收势

第五节　跆拳道运动健康价值与锻炼方法指导

一、跆拳道的健康价值

（一）锻炼身体，增强体质

1. 提高身体素质

跆拳道是一项激烈的搏击运动，也是一种科学的有氧运动，其动作符合人体的生理特点。经常从事跆拳道运动，可以有效地提高青少年的耐力、速度、力量、柔韧和灵敏性等身体素质，有利于青少年身体素质的全面发展。

2. 改善骨骼和关节的性能

长期坚持跆拳道运动，能够改善骨骼的血液供给，使骨骼的形态结构和性能能发生良好变化，使骨骼密质增厚，骨骼变得更加粗壮和坚固，从而提高了骨骼的抗折、抗弯、抗压缩和抗扭转性能，又能增大关节的稳固性，提高关节的灵活性。这些对青少年生理发育都是有好处的。

3. 培养自身防卫技能

跆拳道是一项包括徒手自卫和对付手持不同利器者的防守自卫术。青少年通过跆拳道练习，不仅可以掌握各种踢法和拳法，提高身体的灵活能力和反应能力，经过长期训练后还可以掌握一定技能，提升防身和自卫的能力。

（二）培养良好的心理素质

（1）在跆拳道锻炼中，青少年要战胜自己性格中的缺点，克服锻炼给肉体带来的疼痛、疲劳，甚至伤病的痛苦，这能够培养坚韧不拔的精神。

在与对手的竞争中，形势变化能够培养青少年理智的思维和敏捷的反应，从而锻炼心性。

（2）跆拳道锻炼讲究一种致力于独特的古朴的心态，这种心态依赖于精神上宽宏大量的气度和个性上坚强的自信心。

青少年参与跆拳道运动，用行礼的方式向长辈、教练、队友鞠躬施礼，这有助于培养他们恭敬谦虚、友好待人的态度，并培养坚韧不拔的意志品质。①

二、跆拳道锻炼的动作方法指导

（一）基本拳法

1. 前拳

双手握拳，由腰部向前打出。出拳时后足蹬，身体扭转，发声。以左足前屈立为例，打出左前拳，为顺前拳。打出右前拳，为逆前拳。

2. 勾拳

从右中段立开始，双手握拳，上左步，左拳由腰部向前上方勾拳打出。勾拳时右足蹬，发声。

3. 横拳

从右中段立开始，双手握拳，右拳由腰部向前方划弧线打出，横拳时左足蹬，身体扭转成骑马立，发声。

---

① 俞达. 浅谈跆拳道锻炼对身体素质和心理健康的影响［J］. 民营科技，2011（8）：184.

（二）基本腿法

1. 前踢

从中段立开始，两手屈肘，自然上举。右腿屈膝提起，到达腰高度时弹出。用足对准对方的身体或头部。

2. 横踢

从中段立开始，右腿向右侧屈膝提起到腰，身体向左侧倾斜。利用身体向左倾的惯性，右足横向上方弹出，向左侧前方横踢对方肋部，力点在脚背。

3. 侧踢

从中段立开始，身体向左后方移动，右胯连带右腿屈膝提起。右脚掌翻起，足底朝上到达腰的高度，身体向左下方倾斜，利用身体向下的惯性，右足对准对方的身体正面向前方踹踢，力点在足跟。

4. 劈打腿

从中段立开始，身体向后移动，重心落在右足，左腿屈膝提起，左脚掌勾起，足底朝前，到对方的头部上方，小腿伸展，然后左脚掌对准对方的面部或身体正面往前下方"劈打"，力点在脚掌。

5. 后踢

从中段立开始，身体快速向左后方转，右胯带动右腿屈膝提起，随身体旋转惯性划弧转到前方，右脚掌翻起，足底对准对方的头部或身体朝前蹬踢，力点在足跟。

6. 旋风踢

这是旋转跳跃、身体腾空转一周的腿法。

从中段立开始，右足蹬地跳起，同时身体快速向左后方转，带动左腿旋转，左足落地，右腿在身体旋转惯性作用下向前旋转扫踢对方头部。

7. 双飞踢

这是直线跳起，空中左右连续向前踢击的腿法。从中段立开始，右足蹬地跳起，左腿屈膝提起踢向对方身体。紧接着左腿收回，右腿对准对方头部踢击。两足踢击的力点都在脚背。

（三）组合进攻法

1. 连续左后踢

提左足向上方后踢，左足落地。立即两足蹬跳推动身体向前，左足再向上方做后踢动作（见图 6-54）。

图 6-54　连续左后踢

2. 左推踢接左侧踢

左足屈膝提起，向前推踢；落地过程中身体向后倾，左胯上提，带动左足向前方侧踢（见图 6-55）。

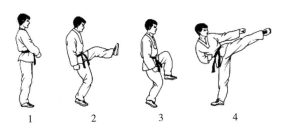

图 6-55　左推踢接左侧踢

3. 推踢接空中侧踢腿

提右足向前推踢，下地即蹬地跳起，空中左足向正前方侧踢（见图 6-56）。

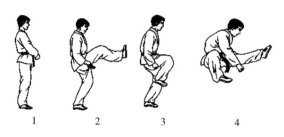

图 6-56　推踢接空中侧踢腿

4. 推踢、旋风踢接后踢

提右足向前方头部推踢，下地即蹬地跳起，身体腾空右转，带动左腿做旋风踢；下地后顺势转体，左足向前方侧踢（见图 6-57）。

图 6-57　推踢、旋风踢接后踢

5. 后旋腿接下推踢

身体右转，重心移到左足，转身右足后旋踢，下地顺势再转体，左足向前下方推踢，拦截对方出腿（见图 6-58）。

图 6-58　后旋腿接下推踢

6. 旋风踢接侧踢

左足蹬地，身体向右旋转，右足向右摆，左腿跟随右腿向右旋踢。下地再次顺势转体，右足向正前方侧踢（见图 6-59）。

图 6-59　旋风踢接侧踢

7. 侧踢接空中侧踢

提右足向前做侧踢，下地后立即蹬地腾空跳起，空中转体，左足向正前方侧踢（见图 6-60）。

图 6-60　侧踢接空中侧踢

8. 上推踢接双飞踢

左足高抬向前方推踢，下地后立即起跳，身体腾空左足向上踢，右足紧接左足向前方踢（见图 6-61）。

图 6-61　上推踢接双飞踢

9. 双飞踢接后踢

右足蹬地，身体跳起，先踢左腿、后踢右腿做双飞踢动作；下地即收右足屈膝，重心移到左足，右足向前上方后踢出（见图 6-62）。

1　　2　　3　　4

图 6-62　双飞踢接后踢

10. 前踢、转身双飞踢

右足前踢，下地后立即蹬地，向左转体腾空跳跃，腾空左足向上踢，右足紧随向前踢（见图 6-63）。

1　　2　　3　　4

图 6-63　前踢、转身双飞踢

（四）基本防守方法

1. 躲闪

（1）侧身躲闪法。

对方攻击时，向左或向右稍转体，避开攻击。侧身转动前要冷静，待对方的拳脚将接触身体时转动。

（2）仰身躲闪法。

对方向头部或胸部攻击时，身体稍后仰，拉开距离，避开攻击。躲闪时，目视对方的变化，配合步法移动。

2. 格挡

（1）双手格挡。

两拳同时向上，在肩膀处分开格挡。

以左前屈立为例，当对方两手夹击时，双手握拳，屈肘由下往上分别格挡（见图6-64）。

1   2

图6-64   双手格挡

（2）上段格挡。

屈肘向头上方横挡，左右均可防守。

以左前屈立的右上段防守为例，当对方右拳击向头部时，左手握拳，屈肘向上方格挡（见图6-65）。

1   2

图6-65   上段格挡

（3）下段格挡。

屈肘由上向下截挡，左右手均可防守。

以左前屈立为例，当对方向腹部前踢腿，用左手握拳，屈肘向下方格挡，截挡对方的右足攻击（见图6-66）。

1　　　　2　　　　3

图 6-66　下段格挡

（4）中段格挡。

小臂屈肘由外向内或由内向外格挡。

以左前屈立为例，当对方用右拳攻击时，左手握拳，屈肘向内、向外格挡（见图6-67）。

1　　　　2

图 6-67　中段格挡

（5）手刀格挡。

用手掌劈打对方的攻击。劈挡的同时可以进攻（见图6-68）。

1　　　　2

图 6-68　手刀格挡

（6）十字格挡。

双拳交叉，向头上方或向腹部下方格挡（见图6-69）。

图 6-69　十字格挡

参考文献

［1］丁小燕．青少年体育与健康素养理论与实践研究［M］．南昌：江西高校出版社，2019.

［2］董琛，张丽红．健康中国视域下"体医融合"模式的青少年运动处方研究［J］．青少年学刊，2019（5）：57-60+64.

［3］董有为．翻转课堂下的体育教学模式改革［J］．冰雪体育创新研究，2021（14）：45-46.

［4］杜国如．学校体育健康新视野［M］．南昌：江西科学技术出版社，2017.

［5］冯川．初中体育线上线下混合式教学模式研究［D］．阜阳师范大学，2022.

［6］高亚军．浅谈初中体育教学中渗透心理健康教育的方法［J］．体育风尚，2023（3）：134-136.

［7］高勇安．运动健身的误区［M］．北京：中国三峡出版社，2004.

［8］郭庆红，徐铁．健身运动指导全书［M］．北京：农村读物出版社，2012.

［9］何玲等．球类运动手册［M］．北京：金盾出版社，2012.

［10］纪恩桂．青少年校园安全教育教学模式的创新性研究［J］．现代青年，2023（1）：46-49.

［11］姜振捷，徐云鹏．体育与健康［M］．重庆：重庆大学出版社，2021.

［12］李爱国．田径运动教学研究［M］．武汉：武汉大学出版社，2017.

［13］李大新，许凤英，李明霞．体育与健康［M］．济南：山东人

民出版社，2022.

[14] 李宏斌，吴萌．运动处方与青少年运动坚持性的关系研究 [J]．商丘师范学院学报，2020，36（12）：80-83.

[15] 李建臣．青少年体能锻炼与体质健康 [M]．北京：化学工业出版社，2014.

[16] 李军．青少年健康成长促进与体育锻炼 [M]．长春：吉林出版集团股份有限公司，2020.

[17] 李雪艳．新时代田径运动的健康促进价值研究 [J]．体育科技，2018，39（6）：26-27.

[18] 练碧贞．校园篮球教学指导 [M]．北京：北京体育大学出版社，2022.

[19] 梁振华．教你跆拳道 [M]．天津：天津科学技术出版社，2019.

[20] 林文弢．青少年体育锻炼方案与健康 [M]．北京：科学出版社，2022.

[21] 刘丹，赵刚．青少年足球训练纲要与教法指导 [M]．北京：人民体育出版社，2011.

[22] 刘满．体育强国视域下青少年体质健康的综合干预研究 [M]．长春：吉林大学出版社，2019.

[23] 刘星亮．体质健康概论 [M]．武汉：中国地质大学，2010.

[24] 鲁雷，席玉宝．中小学体育课程混合式教学模式的困境与突破 [J]．牡丹江师范学院学报（自然科学版），2021（1）：77-80.

[25] 陆霞．田径运动教学与训练 [M]．长春：吉林出版集团有限责任公司，2019.

[26] 吕伯文．校园体育教育对学生心理健康的影响研究 [J]．文化创新比较研究，2020，4（20）：31-33.

[27] 南海艳．现代教育观、健康观、体育观 [M]．沈阳：东北大学出版社，2009.

[28] 牛继超．跆拳道教学与研究 [M]．北京：航空工业出版社，2019.

[29] 彭茂发．健康中国背景下足球对儿童身心健康发展的影响 [J]．中国教育学刊，2020（1）：77-78.

[30] 沈泉平．健康中国背景下学校体育的使命与实践研究 [M]．

北京：北京工业大学出版社，2020.

［31］沈浙．以发展学生身体健康素质为培养目标的体育教学模式的研究与实践［J］.运动，2014（6）：35-36+115.

［32］孙波．健康第一视域下高校体育教学方法的创新研究［J］.佳木斯职业学院学报，2018（1）：321+324.

［33］王耀文，成英，逯中伟．武术文化传承与教育研究［M］.北京：光明日报出版社，2015.

［34］相昌庆．新时代高校武术教学探索研究［M］.北京：中国纺织出版社，2022.

［35］肖夕君．科学运动与健康［M］.长沙：湖南文艺出版社，2006.

［36］徐勇灵，高雪峰．科学运动与体质健康促进指导手册［M］.广州：广东高等教育出版社，2016.

［37］杨帆，许耀锋．体育与健康［M］.西安：西北大学出版社，2020.

［38］俞达．浅谈跆拳道锻炼对身体素质和心理健康的影响［J］.民营科技，2011（8）：184.

［39］翟一飞．体育运动促进青少年体质健康的攻略研究［M］.哈尔滨：东北林业大学出版社，2022.

［40］张君仪．浅谈跆拳道运动对儿童身体健康发展的影响［J］.冰雪体育创新研究，2021（24）：173-174.

［41］张立．发展柔韧素质的训练　促使素质转移［J］.景德镇高专学报，1995（2）：31-34.

［42］张伟，徐莹琳．确立"健康第一"的体育教学理念［J］.文理导航（下旬），2017（4）：94.

［43］周治华．全面理解健康第一的教育理念［J］.新教师，2022（9）：16-19.

［44］邹昆，毛宏斌，罗红军．体育与健康［M］.上海：同济大学出版社，2019.